聞いてマネしてすらすら話せる

キクタン英会話
【基礎編】

一杉武史 編著

英語は聞いて覚える！
アルク・キクタンシリーズ

「読む」だけでは、言葉は決して身につきません。私たちが日本語を習得できたのは、赤ちゃんのころから日本語を繰り返し「聞いて」きたから──『キクタン』シリーズは、この「当たり前のこと」にこだわり抜いた単語集・熟語集・フレーズ集です。「読んでは忘れ、忘れては読む」──そんな悪循環とはもうサヨナラです。「聞いて覚える」、そして「読んで理解する」、さらに「使って磨く」──英語習得の「新しい1歩」が、この1冊から必ず始まります！

Preface
残念ながら、「聞き流す」だけでは、「話せる」ようにはなりません。では、どうすればいいのでしょうか?

答えはカンタン! 英会話力習得には、「聞く」に加えて、「真似る=話す」学習が必要不可欠です!

どうすれば、英語を「話せる」ようになるのか?——意外に忘れがちなのは、私たちが日本語を「話せる」ようになった、その過程です。生まれたばかりの赤ちゃんは、もちろん日本語を話せません。誕生後数年は、お母さん、お父さん、そして周りの人の話すフレーズを「聞き」、そしてそのフレーズを「真似る」ことで、2、3歳になるころに少しずつ「話せる」ようになります。

この「自然な過程」を考えれば、音声がついていない、文字だけの教材では英会話力は身につかないことが分かります。また、音声がついていても、「聞き流す」だけでは、そこに登場するフレーズを「覚える」ことはできても、「話せる」ようにはなかなかなりません。この「話せる」ようにならないもどかしさを解消するのが、本書『キクタン英会話【基礎編】』です。

まずは1語から、そして段階的に5語以上のフレーズに挑戦! 最後には基本フレーズ160が身につく!

本書は、付属の音声を使い、①「フレーズを聞く」→②「フレーズをダイアログで聞く」→③「フレーズをダイアログで真似る」といった「3ステップ」の学習法を採用していますので、「自然な過程」で英会話力を身につけることができます。また、①の「フレーズを聞く」際には、音楽に乗ってフレーズを覚える「チャンツ」が使われていますので、定着率が飛躍的に高まります。

「フレーズを聞く=覚える」といっても、いきなり長いものではなかなかマスターできません。まずは1語、そして2語、3語、4語、最後には5語以上といったように、「段階的」に「話せる」幅を広げていくことが大切です。そして20日後には、英会話の基本フレーズ160が自然と身についていることを実感できるはずです。「話せる」を目指して、一緒に頑張りましょう!

Contents
**1日8フレーズ×20日間で
英会話のベーシックフレーズ160をマスター！**

Chapter 1

 2語までのベーシックフレーズ32　Page 13 ▶ 33

Day 1　2語までのベーシックフレーズ：1
Day 2　2語までのベーシックフレーズ：2
Day 3　2語までのベーシックフレーズ：3
Day 4　2語までのベーシックフレーズ：4
Chapter 1 Review

Column 1
話すためのヒント　Page 34

Chapter 2

 3語のベーシックフレーズ48　Page 35 ▶ 63

| Day 5 | 3語のベーシックフレーズ：1
| Day 6 | 3語のベーシックフレーズ：2
| Day 7 | 3語のベーシックフレーズ：3
| Day 8 | 3語のベーシックフレーズ：4
| Day 9 | 3語のベーシックフレーズ：5
| Day 10 | 3語のベーシックフレーズ：6
| Chapter 2 Review

Here you are.
はいどうぞ。

Good for you!
よかったね！

Go for it!
頑張ってね！

It doesn't matter.
どうってことないよ。

Column 2

話すためのヒント　Page 64

Chapter 3

 4語のベーシックフレーズ40　Page 65 ▶ 89

Day 11　4語のベーシックフレーズ:1
Day 12　4語のベーシックフレーズ:2
Day 13　4語のベーシックフレーズ:3
Day 14　4語のベーシックフレーズ:4
Day 15　4語のベーシックフレーズ:5
Chapter 3 Review

Column 3
話すためのヒント　Page 90

Preface　Page 3
本書の4大特長　Page 8 ▶ 9
本書とCD-ROMの利用法　Page 10 ▶ 11
付属CD-ROMについて　Page 12

入れ替えフレーズ
バリエーション87　Page 116 ▶ 125
機能別フレーズ160リスト　Page 126 ▶ 152
Index　Page 153 ▶ 159

Chapter 4

 5語以上のベーシックフレーズ40 Page 91 ▶ 115

Day 16	5語以上のベーシックフレーズ：1
Day 17	5語以上のベーシックフレーズ：2
Day 18	5語以上のベーシックフレーズ：3
Day 19	5語以上のベーシックフレーズ：4
Day 20	5語以上のベーシックフレーズ：5
Chapter 4 Review	

Have you been keeping busy?
忙しくしてた？

You can say that again!
本当にそうだ！

Are you leaving so soon?
もうお帰りですか？

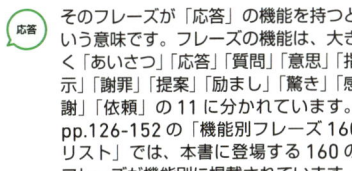

I have to go now.
そろそろ帰らなくては。

記号説明

》**MP3-01** 「CD-ROMのトラック1を呼び出してください」という意味です。

 応答 そのフレーズが「応答」の機能を持つという意味です。フレーズの機能は、大きく「あいさつ」「応答」「質問」「意思」「指示」「謝罪」「提案」「励まし」「驚き」「感謝」「依頼」の11に分かれています。pp.126-152の「機能別フレーズ160リスト」では、本書に登場する160のフレーズが機能別に掲載されています。

🔄 **入れ替え** 「入れ替えフレーズ」という意味です。フレーズの一部を入れ替えることによって、さまざまなフレーズが作れます。

➕ 「入れ替えフレーズ」の➕以下が入れ替え可能という意味です。pp.116-125の「入れ替えフレーズバリエーション87」では、本書に登場する29の「入れ替えフレーズ」の表現バリエーションが、各フレーズごとに3つずつ、計87掲載されています。

だから、覚えられる!、話せる!
本書の4大特長

1
英語の映画・ドラマ、フレーズ集を徹底分析！語彙レベルは1000語限定！

日常生活で使える！楽々覚えられる！

見出しフレーズの選定にあたっては、英語の映画・ドラマ、さらに米国で出版されている、英語学習者向けの英会話フレーズ集などを徹底的に分析しました。そこで集められた数千にも上るフレーズを、まずは使用頻度の点から500ほどに絞り込みました。さらに、「覚えやすさ」の点を重視し、そこで使われている語彙を中学英語レベルの1000語に限定。最終的に、「日常生活で使える+楽々覚えられる」フレーズ160を決定しました。

2
「読む」だけではムリ！まずは、チャンツに乗ってフレーズを耳からインプット！

「聞く単(キクタン)」！しっかり身につく！

「読む」だけでは、フレーズは決して身につきません。私たちが日本語を習得できたのは、小さいころから日本語を繰り返し「聞いて・口に出して」きたから──この「自然な過程」を忘れてはいけません。本書では、音楽のリズムに乗りながらフレーズを無理なく習得できる「チャンツ学習」を採用。「目」と「耳」から同時にフレーズをインプットし、さらに「口」に出していきますので、定着率が飛躍的に高まります。

『キクタン英会話【基礎編】』では、英語の映画・ドラマ、そして米国で出版されている英会話フレーズ集などを基に見出しフレーズを厳選していますので、どれも「日常生活で使える」ものばかりです。その上で、いかに効率的にフレーズを「覚えられる」か、いかにフレーズを「話せる」ようになるか──このことを本書は最も重視しました。ここでは、なぜ「覚えられる」のか、そしてなぜ「話せる」ようになるのかに関して、本書の特長をご紹介します。

3
「覚えた」だけでは不完全！ダイアログを加えた「3ステップ学習」を採用！

自然なかたちで「話せる」ようになる！

いくらフレーズを覚えても、それを使って「話せる」ようにならなければ「宝の持ち腐れ」です。では、どうすればよいか？──答えは簡単、それを使って話せばいいのです。ただ、話す「きっかけ」がなければ使うことはできません。本書では、各フレーズにダイアログ（会話）を用意。①フレーズを覚える、②そのフレーズをダイアログで聞く、③そのフレーズをロールプレイで音読する──この「3ステップ学習」を何度も繰り返すことで自然とフレーズが口から出てくるようになります。

4
まずは1語から最後は5語以上のフレーズへ！20日間の「段階的学習」！

ムリなく学習を続けられる！

「継続は力なり」、とは分かっていても、続けることは大変なことです。では、なぜ「大変」なのか？ それは、覚えきれないほどの量のフレーズをムリに詰め込もうとするからです。本書では、「ゼッタイに覚える・話せるようになる」ことを前提に、1日の学習量をあえて8フレーズに抑えています。さらに、まずは1語から、最後は5語以上のフレーズへと、20日をかけて段階的に学習していきますので、挫折することなく最後まで続けることができます。

❶「聞く」→❷「聞く」→❸「真似る＝話す」
「話せる」を実現する「3ステップ学習」
本書とCD-ROMの利用法

＊本書付属のCD-ROMは CDプレーヤーでは再生できません。再生の際はパソコンや携帯音楽プレーヤーをご使用ください。

Step 1 チャンツを聞く

該当のトラックを呼び出して、「英語→日本語→英語」の順に収録されている「チャンツ音楽」で、見出しフレーズとその意味をチェック。

Step 2 ダイアログを聞く

見出しフレーズ
その日に学習する8つのフレーズが掲載されています。見出しフレーズと定義に一通り目を通したら、「チャンツ音楽」を聞きましょう。

定義と解説
見出しフレーズの定義と解説が掲載されています。

入れ替えフレーズマーク
このマークがついているフレーズは「入れ替えフレーズ」を表します。❶マーク以下が入れ替え可能で、さまざまなフレーズが作れます。

入れ替えフレーズ バリエーション87
Page 116 ▶ 125

本書に登場する29の「入れ替えフレーズ」の表現バリエーションが、各フレーズごとに3つずつ、計87掲載されています。見開きごとに音声が収録されていますので、該当のトラックを呼び出して確認しましょう。20日間のDay学習が終わった後に、復習用として活用してください。

Day 8　3語のベーシックフレーズ：4

Step 1　チャンツでフレーズを覚える ◎MP3-22

□057
I'm with you. （応答）
❶ 同意です。/ ❷ あなたの言っていることが分かります。

I agree with you.（あなたと同じ意見です）と同義。相手の意見や気持ちへの同調を表す。「あなたの言っていることが分かります」という意味もあり、Are you with me? なら「私の言っていることが分かりますか？」。

□058
What's going on? （質問）
何事なの？／どうなっているの？／何が起きているの？

いつもと違った状況に対する驚きを表す。What's happening? と同義。What's going on here? のように、here（ここで）を入れることもある。

□059
Don't ● do that. （入れ替え）（指示）
そんなことしないで。

Don't 〜 で「〜するな」という命令・指示を表す。してはならないことをお互い分かっていれば、Don't.（やめなさい）、Please don't.（やめてください）のように ● 以下は省略できる。

□060
This is it! （驚き）
❶ これだ！／見つけた！ ❷（さあ）いよいよだ！

探していた物が見つかったときの喜びや驚きを表す。❷のように、待ちに待ったことがいよいよ始まる場面でも用いられる。

continued

相手の発言が本当なのかどうかを聞き返す際の表現。Is that right? も同義。文末は上昇調で話す。下降調で話すと、「そうなんだ、ふーん」と無関心なニュアンスになる。

Day 7　◎MP3-19　Quick Review　答えはおページ下
□ I'm not sure.　□ I'm afraid so.　□ Get well soon.　□ I hope so.
□ Not a chance!　□ Keep in touch.　□ That sounds good.　□ Is everything OK?

1日の学習量は4ページ、学習フレーズ数は8フレーズです。チャンツでフレーズを覚える「Step 1」、フレーズが含まれたダイアログを聞く「Step 2」、ダイアログのフレーズ部分をロールプレイで音読する「Step 3」の3つのステップを踏みながら、フレーズを「覚える」だけでなく、フレーズを使って「話せる」ようになることを目指します。

該当のトラックを呼び出して、Step 1で学習したフレーズを使ったダイアログ（会話）を聞きます。話者Aの「英語→日本語訳」、話者Bの「英語→日本語訳」の順に収録されています。色字が学習フレーズです。

Step 3
ロールプレイで
（話す）

該当のトラックを呼び出します。ダイアログ中の学習フレーズ以外は英語だけが読まれます。学習フレーズの部分は日本語訳になっていますので、訳の後の発信音に続いてフレーズを音読しましょう。

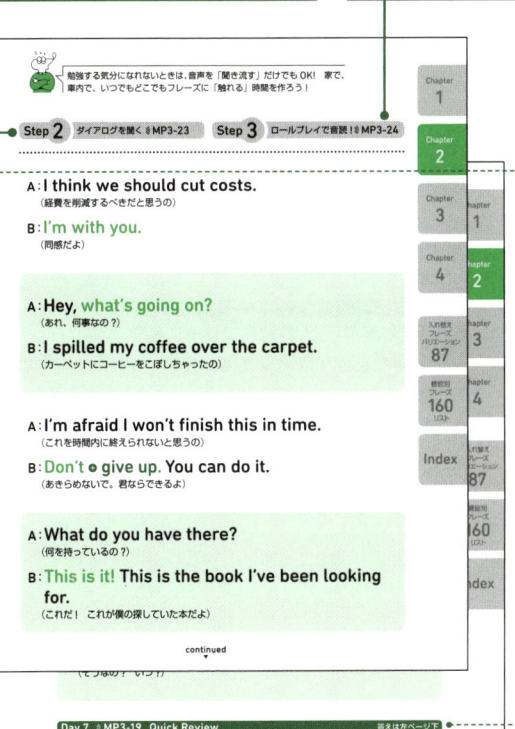

機能マーク

そのフレーズが持つ機能を表します。フレーズの機能は、大きく「あいさつ」「応答」「質問」「意思」「指示」「謝罪」「提案」「励まし」「驚き」「感謝」「依頼」の11に分かれています。

機能別フレーズ160リスト
Page 126 ▶ 152

本書に登場する160のフレーズが機能別に掲載されています。20日間のDay学習が終わった後に、復習用として活用してください。

Quick Review

前日に学習したフレーズのチェックリストです。左ページに英語、右ページに日本語が掲載されています。

付属 CD-ROM について

■音声ファイルの使い方
本書の音声はすべて付属の CD-ROM に収録されています。CD-ROM に収録されている音声は、パソコンや携帯音楽プレーヤーなどで再生が可能な MP3 ファイル形式です。
※一般的な音楽 CD プレーヤーでは再生できないので、ご注意ください。

CD-ROM の中身
本書の学習に必要な音声が収録されています。フォルダ構成は次の通りです。
『キクタン英会話【基礎編】』Day 1 〜 Day 20 音声　フォルダ
＞ Day 1 〜 20 の学習に必要なすべての音声
『キクタン英会話【基礎編】』入れ替えフレーズ音声　フォルダ
＞入れ替えフレーズバリエーションの学習に必要なすべての音声

CD-ROM をパソコンの CD/DVD ドライブに入れ、iTunes などでファイルを取り込んでご利用ください。その手順は CD-ROM 内の ReadMe.txt で説明しています。携帯音楽プレーヤーでの利用法や iTunes 以外の再生ソフトを使った取り込み方法については、ソフトおよびプレーヤーに付属するマニュアルでご確認ください。

音声ファイルには次のタグを設定してあります。
出版社名（アーティスト名）：すべて「ALC PRESS INC.」と設定。
書名（アルバム名）　　　　：『キクタン英会話【基礎編】』Day 1 〜 Day 20 音声
　　　　　　　　　　　　　　『キクタン英会話【基礎編】』入れ替えフレーズ音声
トラック名（曲名）　　　　：どの学習に必要な音声なのかがすぐ分かるよう、次のルールで曲名を設定しています。

『キクタン英会話【基礎編】』Day 1 〜 Day 20 音声　フォルダ⇒
［通し番号］_［学習日］_［学習内容］
例）01_Day-01_Chants　…　トラック「01」、Day 1 チャンツの音声

『キクタン英会話【基礎編】』入れ替えフレーズ音声　フォルダ⇒
［通し番号］_［入れ替え］
例）61_irekae　…　トラック「61」、入れ替えフレーズバリエーションの音声

本書への掲載方法
本書では、CD-ROM を使用する個所を、トラック「01」であれば

))) **MP3-01**

のように表示しています。

Chapter 1

 2語までのベーシックフレーズ32

Chapter 1 のスタートです！ この Chapter では、2 語までのベーシックフレーズ 32 をマスターしていきます。何事も始めが肝心――急がず、焦らず、1 日ずつ学習を進めていきましょう！

英語でコレ言える？

A: How's your new job?
（新しい仕事はどう？）
B: N____ b____.
（なかなかいいよ）

答えは**Day 4**でチェック！

Day 1　2語までのベーシックフレーズ：1　**Page 14**
Day 2　2語までのベーシックフレーズ：2　**Page 18**
Day 3　2語までのベーシックフレーズ：3　**Page 22**
Day 4　2語までのベーシックフレーズ：4　**Page 26**
Chapter 1 Review　**Page 30**

Day 1　2 語までのベーシックフレーズ：1

Step 1　チャンツでフレーズを覚える 》MP3-01

□ 001
Sure.
もちろん。／いいですよ。

依頼に対して「もちろん」と答える際の表現。Of course. や Certainly. も同じ意味を表すが、Certainly. のほうがフォーマル。

□ 002
Perhaps.
たぶんね。／もしかするとね。

Maybe. も同義。Probably. も「たぶんね、恐らくね」を表すが、Perhaps. や Maybe. よりも話し手の確信度が高く、「十中八九」というニュアンスが加わる。

□ 003
Really?
本当に？／マジで？

相手の発言に対して、驚きや興味を持って聞き返す際に使う。Is that so?、Is that right?（そうなの？）も同じような状況で使える。

□ 004
Great!
よかったね！／素晴らしい！

「それを聞けてよかった！」という喜びの感情を表す。Good! を強調した表現で、Excellent! や Wonderful! も同義。

continued
▼

Step 1 では「英語→日本語→英語」の 2 回目の「英語」の部分を、Step 3 では日本語の後の発信音に続いてフレーズを音読しよう！

Step 2 ダイアログを聞く 》MP3-02　　**Step 3** ロールプレイで音読！》MP3-03

A: **Can I borrow your pen?**
(ペンを借りてもいい？)

B: **Sure.**
(もちろん)

A: **Is Tom coming to the party?**
(トムはパーティーに来るの？)

B: **Perhaps.**
(たぶんね)

A: **I'm moving to Osaka next month.**
(来月、大阪に引っ越すんだ)

B: **Oh, really?**
(えっ、本当に？)

A: **I found a new job!**
(新しい仕事が見つかったの！)

B: **Great! When do you start?**
(よかったね！ いつから始めるの？)

continued
▼

Step 1　チャンツでフレーズを覚える 》MP3-01

□ 005
Welcome!
ようこそ！／いらっしゃい！

自宅などに招いた人を歓迎する表現。「〜へようこそ！」は Welcome to Tokyo! のように「to ＋場所」をつなげる。Welcome back!、Welcome home!（お帰りなさい！）も覚えておこう。

□ 006
Enjoy!
❶ （出かける人に）**楽しんできてね！**　❷ （食事などを差し出す際に）どうぞ（楽しんでね）！

旅行などに出かける人に対して「楽しんできてね！」と言うほかに、食事や、お薦めの本、CD、DVD などを「どうぞ（楽しんでね）！」と差し出す際にも使う。Enjoy yourself! と言っても OK。

□ 007
Nothing.
（特に）**何も。**／何でもないよ。

What are you doing?（何をしてるの？）など、What で始まる質問に対して、「何も」と答える際の表現。What have you been up to?（最近どうしてた？）といった近況を問うあいさつに対して、「何も（変わりないよ）」と返答するときにも使う。

□ 008
Almost.
❶ **ほとんどね。**　❷ おしい。

Have you finished 〜?（〜を終えましたか？）などの質問に対して、「ほとんど終わりました」と答える際の表現。❷ のように、何かをぎりぎりのところで達成できず、「おしい」と残念がるときにも使う。

A: **Welcome!** Please come in.
(ようこそ! どうぞお上がりください)

B: Thank you.
(ありがとうございます)

A: We're going skiing.
(私たち、スキーに行くところなの)

B: Sounds great! **Enjoy!**
(それはいいね! 楽しんできてね!)

A: What did you say?
(何か言った?)

B: **Nothing.**
(何も)

A: Have you finished reading that book?
(その本、読み終わった?)

B: **Almost.**
(ほとんどね)

Day 2　2語までのベーシックフレーズ：2

Step 1　チャンツでフレーズを覚える))) MP3-04

□ 009

After you.

お先にどうぞ。

応答

相手に順番を譲る際の表現で、Go ahead.、You first. よりも丁寧。先にさせてもらう場合はThanks. または Thank you.（ありがとう）、逆に相手に譲る場合は No, after you.（いいえ、あなたが先にどうぞ）などのように答える。

□ 010

Me too.

私も（です）。

応答

相手の肯定の発言に対して「私も」と同調する際の表現で、So do I. や So am I. よりもカジュアル。否定の発言に対しては Me neither. を用い、"I don't know.（分からないな）" "Me neither.（私も）" のように使う。

□ 011

See you.

じゃあね。／またね。

あいさつ

別れ際のカジュアルなあいさつ。See you later.（じゃあ後でね）、See you tomorrow.（じゃあ明日ね）、See you Monday.（じゃあ月曜日にね）といったバリエーションも覚えておこう。

□ 012

Good job!

よくやったね！／上出来だよ！

応答

仕事に限らず、称賛に値する業績に対して使う。Nice job! も同義。「よくやらかしてくれたね！」と、相手の失敗を皮肉る際にも用いられる。

continued
▼

Step 1のチャンツでフレーズを音読する際には、ナレーターの英語に重ねて、発音をそっくりそのまま「真似る」ようにしよう!

Step 2 ダイアログを聞く 》MP3-05   **Step 3** ロールプレイで音読! 》MP3-06

A: **Do you need the copier?**
(コピー機を使いますか?)

B: **After you.**
(お先にどうぞ)

A: **Oh, I'm so tired!**
(ああ、本当に疲れた!)

B: **Me too.**
(私も)

A: **I have to go now. See you.**
(もう行かなくちゃ。じゃあね)

B: **See you soon.**
(また近いうちにね)

A: **I got a perfect score on my math test!**
(数学のテストで満点を取ったんだよ!)

B: **Good job! Congratulations!**
(よくやったね! おめでとう!)

continued
▼

Step 1 チャンツでフレーズを覚える))MP3-04

☐ 013
Got it?
分かった？／理解できた？

You got it? の You が省略された形。Do you understand?（分かりましたか？）よりカジュアルな表現。文末を下降調で Got it. と言えば、「分かったよ」になる。

☐ 014
Yes, please.
はい、お願いします。

相手の申し出をありがたく受け入れる際に使う。断る場合には、No, thanks. または No, thank you.（いいえ、結構です）と言おう。

☐ 015
Never mind.
気にしないで。／心配しないで。

「大したことではないので、忘れて」といったニュアンス。おわびやお礼に対して使うことが多いが、What did you say?（何か言った？）に対して「（何でもないから）気にしないで」と言う際にも使う。Don't worry. は不安がっている相手に「心配しないで」と気遣う表現。

☐ 016
What for?
何のために？／なぜ？

「どういう理由[目的]で？」といったニュアンスで Why? や How come? と同義。For what? のように what と for を逆に使うこともある。

Day 1))MP3-01 Quick Review　　　　　　　　　　　　　　　　答えは右ページ下

☐ Sure.　　　　☐ Really?　　　　☐ Welcome!　　　　☐ Nothing.
☐ Perhaps.　　☐ Great!　　　　☐ Enjoy!　　　　　☐ Almost.

Step 2 ダイアログを聞く 》MP3-05　　**Step 3** ロールプレイで音読！》MP3-06

A: **You have to be back home by 7. Got it?**
(7時までには家に戻ってね。分かった？)

B: **OK, I will.**
(うん、そうするよ)

A: **Would you like some more coffee?**
(コーヒーをもう少しいかがですか？)

B: **Yes, please.**
(はい、お願いします)

A: **Sorry, I lost your book.**
(ごめんね、君の本をなくしちゃったんだ)

B: **Never mind.**
(気にしないで)

A: **I want a new smartphone.**
(新しいスマートフォンが欲しいの)

B: **What for?**
(何のために？)

Day 1 》MP3-01 Quick Review　　　　答えは左ページ下

- ☐ もちろん。
- ☐ たぶんね。
- ☐ 本当に？
- ☐ よかったね！
- ☐ ようこそ！
- ☐ 楽しんできてね！
- ☐ 何も。
- ☐ ほとんどね。

Day 3　2 語までのベーシックフレーズ：3

Step 1　チャンツでフレーズを覚える 》MP3-07

□ 017
All right.
いいよ。 ／分かったよ。

相手の依頼や提案などに同意する際の表現。OK. も同じように使える。「分かったよ」といやいや同意するときにも使う。

□ 018
I'm sorry.
ごめんなさい。 ／すみません。

自分の言動に対して謝罪する際の表現。I'm so sorry. のように so を入れると「本当にごめんなさい」と心から申し訳なく思っているニュアンスになる。せきやくしゃみをしたり、人込みで人にぶつかるなど、ささいなことについて「ごめんなさい」と謝る際は Excuse me.。

□ 019
Hold on!
ちょっと待って！

相手の話を遮ったり、動きを止めたりする際に使う。Wait! と同義。Hold on a minute!、Hold on a moment!、Hold on a second! のように a minute、a moment、a second をつけることもある。電話で Can you hold on? と言えば、「（切らずに）お待ちください」。

□ 020
No, thanks.
いいえ、結構です。

相手の申し出を断る際の表現。No, thank you. よりもカジュアル。受け入れる場合には、Yes, please.（はい、お願いします）（見出し番号 014）を使う。

continued

「3日坊主」にならないためにも、今日と明日の学習がとっても大切！ 忙しいときはCDを聞き流すだけでもOKなので、「継続」を心がけよう！

Step 2 ダイアログを聞く ») MP3-08　　**Step 3** ロールプレイで音読！») MP3-09

A: **Can you open the window?**
（窓を開けてくれる？）

B: Oh, **all right.**
（ああ、いいよ）

A: **I'm sorry. I was wrong.**
（ごめんなさい。私が間違っていました）

B: It's OK. Never mind.
（いいんですよ。気にしないでください）

A: **Hold on!** I want to talk to you.
（ちょっと待って！ 君と話がしたいんだ）

B: What?
（何？）

A: Can I give you a hand?
（手伝いましょうか？）

B: **No, thanks.**
（いいえ、結構です）

continued
▼

Step 1 チャンツでフレーズを覚える))MP3-07

□ 021
Be careful.
気をつけて。

指示

▶▶▶

相手に注意を促す表現。「～に気をつけて」は Be careful about ～ .、Be careful of ～ . のように後ろに about または of をつける。Be careful with ～ . は「～の扱いに気をつけて」。

□ 022
Help yourself.
ご自由にお取りください。

指示

▶▶▶

人に飲食物を勧める際などに使う。Be my guest. も同じ状況で使う。複数の人に対しては Help yourselves. となる。「～をご自由にお取りください」は Help yourself to the cookies. のように後ろに「to +飲食物」をつける。

□ 023
What happened?
何があったの？／どうしたの？

質問

▶▶▶

いつもと違う状況について尋ねる際に使う。What's wrong? も同じように使える。What happened to ～? は「～に何があったの？、～はどうしたの？」。

□ 024
No kidding!
まさか！／冗談でしょ！

驚き

▶▶▶

相手の発言に対する驚きを表す。You're kidding me!、You're joking! も同義。

Day 2))MP3-04 Quick Review　　　　　　　　　　　　　　　答えは右ページ下
☐ After you.　　　☐ See you.　　　☐ Got it?　　　☐ Never mind.
☐ Me too.　　　　☐ Good job!　　☐ Yes, please.　☐ What for?

Step 2 ダイアログを聞く 》MP3-08   **Step 3** ロールプレイで音読！》MP3-09

A: **Be careful. The paint is still wet.**
（気をつけて。ペンキがまだ乾いていないから）

B: **OK.**
（うん）

A: **Can I have one of the cookies?**
（クッキーを1つ食べてもいいですか？）

B: **Sure. Help yourself.**
（もちろん。ご自由にお取りください）

A: **What happened? You look so happy.**
（何があったの？ とてもうれしそうだけど）

B: **Yeah, I got promoted.**
（うん、昇進したんだ）

A: **David and Jenny are getting married!**
（デイビッドとジェニーが結婚するの！）

B: **No kidding! That's great!**
（まさか！ それはよかったね！）

Day 2 》MP3-04 Quick Review   答えは左ページ下

☐ お先にどうぞ。 ☐ じゃあね。 ☐ 分かった？ ☐ 気にしないで。
☐ 私も。 ☐ よくやったね！ ☐ はい、お願いします。 ☐ 何のために？

Day 4　2語までのベーシックフレーズ：4

Step 1　チャンツでフレーズを覚える 》MP3-10

□ 025
Not bad.
なかなかいいよ。 ／悪くないよ。

Good.（いいよ）の控えめな表現。How are you?（元気？）など、様子や状態に関する質問に対して使う。

□ 026
Don't worry.
心配しないで。 ／大丈夫だよ。

不安がっている相手を安心させるときに使う。「〜のことは心配しないで」と言う場合は、Don't worry about 〜 . のように後ろに about をつける。

□ 027
What's new?
変わりない？ ／元気にしてた？

親しい人に近況を問う際の表現。「この前に会ってから何かあった？」というニュアンス。What's up? や What's happening? も同じように使う。変わりがなければ、Nothing.（何も）、Nothing special.（特に何も）、Nothing much.（別に何も）などと答える。

□ 028
You too.
あなたもね。

The same to you. よりもカジュアルな表現（この The は省略されることもある）。こちらを思いやる言葉に対して「あなたもね」と応じる際に使う。

continued

今日で Chapter 1 は最後！ 時間に余裕があったら、章末の Review にも挑戦しよう。忘れてしまったフレーズも結構あるのでは？

Step 2 ダイアログを聞く 》MP3-11　　**Step 3** ロールプレイで音読！》MP3-12

A: **How's your new job?**
（新しい仕事はどう？）

B: **Not bad.**
（なかなかいいよ）

A: **I have a job interview tomorrow. I'm so nervous.**
（明日、就職の面接なの。すごく緊張するわ）

B: **Don't worry. Everything will be fine.**
（心配しないで。すべてうまくいくよ）

A: **Hi! What's new?**
（やあ！ 変わりない？）

B: **Nothing special. How about you?**
（特に何も。あなたは？）

A: **See you. Have a nice weekend!**
（じゃあね。よい週末を！）

B: **You too.**
（あなたもね）

continued
▼

Step 1 チャンツでフレーズを覚える 》MP3-10

□ 029
Kind of.
まあね。

相手の質問の内容に関して、「そうだけど、それほどでもない」とあいまいに答える際に用いる。Sort of. も同義。

□ 030
You're welcome.
どういたしまして。

Thanks.、Thank you. に対する応答表現。My pleasure.、No problem.、Not at all. も同じく「どういたしまして」を表す。

□ 031
Excuse me.
❶ **すみません。** ❷（席を外すときに）失礼します。

人に何かを尋ねるときや、道を空けてもらうとき、またはせきなどをして謝るときなどに使う。また、❷のように、席を外す場合にも用いられる。Pardon me. も同じように使う。Excuse me? と文末を上昇調で言うと、「すみませんがもう一度言ってください」という意味になる。

□ 032
Why not?
❶（もちろん）**いいよ。** ❷ なぜだめなの？／どうして？

相手の提案や申し出に応じる際の表現。「なぜだめなの？」→「いいに決まっている」→「もちろんいいよ」という流れでこの意味になる。"You can't go out today.（今日は外出禁止よ）" "Why not?（なぜだめなの？）" のように、否定の理由を問う際にも使う。

Day 3 》MP3-07 Quick Review　　　　　　　　　　　　答えは右ページ下
☐ All right.　　☐ Hold on!　　☐ Be careful.　　☐ What happened?
☐ I'm sorry.　　☐ No, thanks.　☐ Help yourself.　☐ No kidding!

Step 2 ダイアログを聞く ») MP3-11 **Step 3** ロールプレイで音読! ») MP3-12

A: **Did you enjoy the concert?**
(コンサートは楽しかった?)

B: **Yeah, kind of.**
(うん、まあね)

A: **Thank you for your advice.**
(アドバイスしていただきありがとうございます)

B: **You're welcome.**
(どういたしまして)

A: **Excuse me. Can I talk to you for a minute?**
(すみません。ちょっとお話ししてもいいですか?)

B: **Sure. What is it?**
(ええ。何ですか?)

A: **Let's eat out tonight.**
(今夜は外食しよう)

B: **Why not?**
(いいよ)

Day 3 ») MP3-07 Quick Review　　　　　　　　　　答えは左ページ下

☐ いいよ。　　　　　☐ ちょっと待って!　　☐ 気をつけて。　　　　　　☐ 何があったの?
☐ ごめんなさい。　　☐ いいえ、結構です。　☐ ご自由にお取りください。　☐ まさか!

Chapter 1 Review

1 ☐ 001
A : **Can I use your dictionary?**
(君の辞書を使ってもいい？)

B : **S_____.**
(もちろん)

2 ☐ 002
A : **Are you coming to the party?**
(君はパーティーに来る？)

B : **P_____.**
(たぶんね)

3 ☐ 006
A : **We're going camping.**
(キャンプに行くところなの)

B : **Sounds fun! E_____!**
(面白そうだね！ 楽しんできてね！)

4 ☐ 008
A : **Have you finished your homework?**
(宿題は終わったの？)

B : **A_____.**
(ほとんどね)

4日間学習したフレーズをおさらい。色文字の日本語を参考にして、各ダイアログの空所に当てはまるフレーズを、先頭の文字に続けて書き込もう。今回のフレーズは1語または2語。分からないときは、見出し番号を参照して復習しておこう（解答はp.33下）。

⑤ ☐ 010
A: Oh, I'm so hungry!
(ああ、本当におなかがすいた!)

B: M__ t____.
(私も)

⑥ ☐ 011
A: It's time to go home. S____ y____.
(家に帰る時間だわ。じゃあね)

B: OK. Bye-bye.
(そうだね。バイバイ)

⑦ ☐ 013
A: Give it back to me tomorrow. G____ i__?
(それ、明日返してね。分かった?)

B: Sure, I will.
(もちろん、そうするよ)

⑧ ☐ 014
A: Would you like some more wine?
(ワインをもう少しいかがですか?)

B: Y____, p_____.
(はい、お願いします)

Chapter 1 Review

9 ☐ 017

A: Can you hold this a minute?
(これをちょっと持っててくれる？)

B: A__ r_____.
(いいよ)

10 ☐ 021

A: B__ c_____. The stairs are slippery.
(気をつけて。階段が滑りやすいから)

B: OK.
(うん)

11 ☐ 022

A: Can I have one of these sandwiches?
(このサンドイッチを1つ食べてもいいですか？)

B: Sure. H_____ y_____.
(もちろん。ご自由にお取りください)

12 ☐ 024

A: I got a perfect score on my science test!
(理科のテストで満点を取ったんだ！)

B: N__ k_____! That's great!
(まさか！ それはよかったね！)

13 ☐ 025

A: **How's school life?**
(学校生活はどう？)

B: **N____ b____.**
(なかなかいいよ)

14 ☐ 028

A: **Have a nice vacation!**
(よい休暇を！)

B: **Y____ t____.**
(あなたもね)

15 ☐ 030

A: **Thanks for your help.**
(手伝ってくれてありがとう)

B: **Y_____ w_____.**
(どういたしまして)

解答

1. Sure.
2. Perhaps.
3. Enjoy!
4. Almost.
5. Me too.
6. See you.
7. Got it?
8. Yes, please.
9. All right.
10. Be careful.
11. Help yourself.
12. No kidding!
13. Not bad.
14. You too.
15. You're welcome.

Column 1
話すためのヒント

ネイティブっぽく

どうせ話すなら、少しでも「うまく」話したい――そのためのヒントを 3 回に分けてまとめました。1 回目は「ネイティブっぽく」話すためのヒント!

連結 ――「つなげて話す」。Kind of. は「カインドヴ」

突然ですが、皆さんは日本語の「体育」をどう発音しますか? たぶん、ほとんどの人は「たいいく」ではなく、真ん中の「いい」を 1 つにつなげて(連結して)、「たいく」と読んでいるのではないでしょうか? ではなぜそう発音するのか?――答えは簡単、そう読むほうが「自然だし、話しやすい」からです。英語でも同じです。Chapter 1 に登場した Kind of.(まあね)(見出し番号 029)は、1 語ずつ発音記号通りに読むなら、「カインドゥ オヴ」のようになります。でも、日常会話でそのように読むネイティブスピーカーはまずいません。Kind の最後の子音字 d と、of の最初の母音字 o をつなげて(連結して)、「カインドヴ」と発音するのが「自然な発音」です。「ネイティブっぽく」話すヒントの第 1 は、この「つなげて話す」です。

脱落 ―― 最後の文字は読まないくらい小さく発音

またまた質問ですが、皆さんは「先生」をどう発音しますか? 特に呼びかけるときは、「せんせい」ではなく、「せんせぇ」のように最後の「い」を「ぇ」と小さく発音するか、または「せんせ」のように「い」を読まない(脱落させる)のではないでしょうか? 英語でも同じことが起こります。見出し番号 013 の Got it?(分かった?)の場合、it の最後の t はほとんど発音されず、「ガティッ?」または「ガリッ?」のように読まれるのが普通です。もちろん、「ガティットゥ?」のように「トゥ」を入れても構いませんが、その場合でも「トゥ」は非常に弱く発音されます。「連結」と「脱落」を身につけるために大切なのは、「何度も聞いて話す」ことです。チャンツを聞く際には「英語→日本語→英語」の 2 番目の英語を必ず「口に出す」ことを忘れずに!

Chapter 2

 3語のベーシックフレーズ48

Chapter 2では、3語のベーシックフレーズ48 を押さえていきます。Chapter 1を終え、学習の リズムもつかめてきたのでは？ このペースでフ レーズをどんどんマスターしていきましょう！

英語でコレ言える？

A: Will we get there on time?
（時間通りにそこに着くかな？）
B: N___ a c_____!
（絶対無理！）

答えはDay 7でチェック!

Day 5	3語のベーシックフレーズ：1	Page 36
Day 6	3語のベーシックフレーズ：2	Page 40
Day 7	3語のベーシックフレーズ：3	Page 44
Day 8	3語のベーシックフレーズ：4	Page 48
Day 9	3語のベーシックフレーズ：5	Page 52
Day 10	3語のベーシックフレーズ：6	Page 56
Chapter 2 Review	Page 60	

Day 5 3語のベーシックフレーズ：1

Step 1 チャンツでフレーズを覚える 》MP3-13

□ 033
I'd love to.

ぜひ（そうしたいです）。／喜んで。

Would you like to ～?（～しませんか？）などの誘いに喜んで応じる際の表現。断る場合にも I'd love to, but ～.（ぜひそうしたいのですが～）のように、「～」の部分に理由をつけて使うことができる。

□ 034
Here you are.

はいどうぞ。

人に物を差し出す際の表現。Here you go. とも言う。差し出す物が1つなら Here it is.、複数なら Here they are. とも言える。Here we are.（さあ着いたよ）と混同しないように注意。

□ 035
I missed you.

（あなたがいなくて）**寂しかったです。**

長く会わなかった人に「また会えてうれしい」という感情を伝える言葉。現在離れ離れになっているなら I miss you.（寂しいです）、これから離れ離れになるなら I'll miss you.（寂しくなります）を使う。

□ 036
I don't know.

❶ **そうだなあ。**／どうしよう。❷ それはどうかな。❸ 分かりません。

相手の質問に対して即答できず、迷っているときに使う。❷ のように、相手の発言に対して遠回しに不賛成を表したり、❸ のようにきっぱりと「分かりません」と言う場合にも使う。

continued

見出し番号 038 のフレーズの ➕ マークは、それ以降が入れ替え可能という意味。時間があったら、p.116 でバリエーションをチェック！

Step 2 ダイアログを聞く 》MP3-14   Step 3 ロールプレイで音読！》MP3-15

A: **Would you like to go with us?**
(僕たちと一緒に行かない？)

B: **I'd love to.**
(ぜひ)

A: **Can you pass me the salt, please?**
(お塩を取ってくれる？)

B: **Here you are.**
(はいどうぞ)

A: **I missed you.**
(寂しかったよ)

B: **I missed you, too.**
(私も寂しかったわ)

A: **What time will we be leaving tomorrow?**
(明日は何時に出発するの？)

B: **I don't know. Maybe around eight.**
(そうだなあ。8時ごろかな)

continued
▼

Step 1 チャンツでフレーズを覚える 》MP3-13

☐ 037
What is it?
何ですか？／どうしたの？

（応答）

人の呼びかけや問いかけに対する応答表現。What? のように is it を省略することもあるが、その場合は「何の用？」とぶっきらぼうなニュアンスになる。

☐ 038
How's ● your family?
ご家族はお元気？

（入れ替え／質問）

How's は How is の短縮形。How's 〜? で「〜はお元気ですか？、〜の調子はどうですか？」と状態・様子を問う表現になる。How's your business?（仕事の調子はどう？）のように、● 以下には家族の構成員以外のものを入れることもできる。

☐ 039
That's too bad.
お気の毒に。／残念です。

（応答）

悲しいことや残念なことがあった相手に対し、同情を示して慰める際の表現。I'm sorry to hear that. も同じように用いる。That's を省略して、Too bad. と言うこともある。

☐ 040
It's on me.
僕がおごるよ。／私のおごりよ。

（意思）

This one's on me. と言うこともある。The dinner's on me. なら「夕食は僕がおごるよ」。

Day 4 》MP3-10 Quick Review   答えは右ページ下

☐ Not bad.   ☐ What's new?   ☐ Kind of.   ☐ Excuse me.
☐ Don't worry.   ☐ You too.   ☐ You're welcome.   ☐ Why not?

Step 2 ダイアログを聞く ♪MP3-14   Step 3 ロールプレイで音読！♪MP3-15

A: **I have something to tell you.**
(話したいことがあるんだけど)

B: **What is it?**
(何ですか？)

A: **How's ● your wife?**
(奥さんはお元気？)

B: **She's doing all right. Thanks.**
(彼女は元気にやっているよ。ありがとう)

A: **My dog died yesterday.**
(うちの犬が昨日、死んだの)

B: **That's too bad. I know how you feel.**
(お気の毒に。その気持ち分かるよ)

A: **Put your money back. It's on me.**
(お金はしまっておいて。僕がおごるよ)

B: **Thanks. I'll pay next time.**
(ありがとう。次は私が払うわね)

Day 4 ♪MP3-10 Quick Review			答えは左ページ下
☐ なかなかいいよ。	☐ 変わりない？	☐ まあね。	☐ すみません。
☐ 心配しないで。	☐ あなたもね。	☐ どういたしまして。	☐ いいよ。

Day 6 3語のベーシックフレーズ：2

Step 1 チャンツでフレーズを覚える 》MP3-16

□ 041
I think so.
そう思います。　　　　　　　　　　　　　　　応答

相手の発言に対する同意・賛成を表す表現。I guess so.、I believe so. も同義。「そうは思いません」は I don't think so.。

□ 042
How are you?
元気？／調子はどう？　　　　　　　　　　　あいさつ

相手の近況を尋ねる際の一般的な表現。How are you doing?、How's it going? とも言う。特に体調が悪くなければ、Fine, thanks.（元気だよ。ありがとう）などと答える。答えた後は、相手にも How are you? や How about you?（あなたは？）と聞こう。

□ 043
I love it!
最高！／素晴らしい！　　　　　　　　　　　応答

何かをとても気に入ったときに使う。この love は「〜が大好きである」という意味。Love it! のように I を省略することもある。

□ 044
Are you ⊕ OK?
大丈夫ですか？　　　　　　　　　　　入れ替え　質問

Are you hungry?（おなかがすいてますか？）のように、Are you 〜？の「〜」に形容詞を入れて相手の様子・状態を尋ねる表現になる。

continued
▼

Quick Review は使ってる？ 昨日覚えたフレーズでも、記憶に残っているとは限らない。学習の合間に軽くチェックするだけも効果は抜群！

Step 2 ダイアログを聞く 》MP3-17   Step 3 ロールプレイで音読！》MP3-18

A: **Is it going to rain today?**
(今日は雨が降るの？)

B: **I think so.**
(そう思うよ)

A: **Hi, how are you?**
(やあ、元気？)

B: **Not bad. How about you?**
(なかなかいいわ。あなたは？)

A: **What do you think of this song?**
(この歌どう思う？)

B: **I love it!**
(最高！)

A: **Are you ⊕ busy? I'd like to talk to you.**
(忙しいですか？ あなたとお話ししたいのですが)

B: **Sure. Go ahead.**
(もちろん。どうぞ)

continued
▼

Step 1　チャンツでフレーズを覚える 》MP3-16

□ 045
Remember to write.
手紙書いてね。

あいさつ

旅や転居などで長期間会えなくなる相手に対する別れの言葉。Don't forget to write.、Drop me a line. とも言う。

□ 046
Go for it!
頑張ってね！

励まし

これから何かをする人に対する励ましの言葉。今何かをしている人に「（そのまま）頑張れ！」と言う場合は Keep in there! を使う。

□ 047
I'll ● call you.
（あなたに）**電話します。**

入れ替え　意思

I'll は I will の短縮形。I'll ～ . で「(後で [これから])～します、～するつもりです」を表す。その場でそうしようと思いついたことに使う。以前から計画していたことについて「～するつもりです」と言う場合は I'm going to ～ . を使う。

□ 048
Take it easy.
❶ **気をつけてね。**／じゃあね。 ❷ **落ち着いて。**

あいさつ

別れ際のあいさつで、Take care. とも言う。❷ の意味では Calm down. や Easy does it. も同じように使われる。

Day 5 》MP3-13　Quick Review　　　　　　　　　　　　　　答えは右ページ下

- ☐ I'd love to.
- ☐ Here you are.
- ☐ I missed you.
- ☐ I don't know.
- ☐ What is it?
- ☐ How's your family?
- ☐ That's too bad.
- ☐ It's on me.

Step 2 ダイアログを聞く))) MP3-17 　　**Step 3** ロールプレイで音読！))) MP3-18

A: **Have a good journey! Remember to write.**
(旅を楽しんでね！ 手紙書いてね)

B: **I will.**
(そうするよ)

A: **My dream is to be a doctor.**
(僕の夢は医者になることなんだ)

B: **Go for it!**
(頑張ってね！)

A: **The phone is ringing!**
(電話が鳴っているよ！)

B: **I'll ⊕ get it.**
(私が出るわ)

A: **See you.**
(じゃあね)

B: **See you tomorrow. Take it easy.**
(じゃあ明日ね。気をつけてね)

Day 5))) MP3-13　Quick Review　　　　　　　　　　　答えは左ページ下

☐ ぜひ。　　　　　　☐ 寂しかったです。　　☐ 何ですか？　　　　　☐ お気の毒に。
☐ はいどうぞ。　　　☐ そうだなあ。　　　　☐ ご家族はお元気？　　☐ 僕がおごるよ。

Day 7　3語のベーシックフレーズ：3

Step 1　チャンツでフレーズを覚える 》MP3-19

□ 049
I'm not sure.
よく分かりません。

応答

「大体の見当はつくけれど、確かなことは分かりません」といったニュアンス。単に「分かりません」なら I don't know.（見出し番号036）となる。

□ 050
Not a chance!
絶対無理！／絶対あり得ない！

応答

「可能性（chance）ゼロ」という意味で、未来の事柄について用いる。No chance!、Fat chance! も同義。

□ 051
I'm afraid so.
残念ながらそうです。

応答

「残念ながら」という感情が入っている点が I think so.（そう思います）（見出し番号041）との違い。「残念ながら違います」は I'm afraid not.。

□ 052
Keep in touch.
連絡してね。

あいさつ

別れ際のあいさつ。手紙やメールの結びとしても使われる。Let's keep in touch. なら「連絡を取り合おうね」となる。

continued

Step 3 でちゃんと音読してる？　えっ、恥ずかしい?!　恥ずかしがっていては「話せる」ようにならないよ！　もっと口を動かそう！

Step 2 ダイアログを聞く 》MP3-20　　**Step 3** ロールプレイで音読！》MP3-21

A : **What time does the concert start?**
（そのコンサートは何時に始まるの？）

B : **I'm not sure.**
（よく分からないわ）

A : **Will we get there on time?**
（時間通りにそこに着くかな？）

B : **Not a chance!**
（絶対無理！）

A : **Do we have to go now?**
（僕たちもう帰らないといけないかな？）

B : **I'm afraid so.**
（残念ながらそうね）

A : **Goodbye. Keep in touch.**
（さようなら。連絡してね）

B : **Of course, I will.**
（もちろん、そうするよ）

continued
▼

Step 1 チャンツでフレーズを覚える 》MP3-19

□ 053
Get well soon.
早くよくなってね。／お大事に。

あいさつ

お見舞いの際のあいさつ。I hope you get well soon.（早くよくなるといいですね）よりもカジュアル。

□ 054
That sounds ⊕ good.
（それは）**よさそうだね。**

入れ替え 応答

That sounds 〜 . で「（聞いたり読んだりした感じでは）〜のようだ」を表す。That sounds exciting. なら「（それは）面白そうだね」。この That はしばしば省略される。

□ 055
I hope so.
そうだといいですね。

応答

実現してほしい事柄について使う。「そうでなければいいですね」は I hope not.。

□ 056
Is everything OK?
（何も）**問題はない？**／（すべて）順調にいってる？

質問

「何か困っていることはない？」というニュアンス。ウエーターが客に対して使うと「（お出しした料理は）いかがですか？」という意味になる。Is everything all right? も同じ意味。

Day 6 》MP3-16 Quick Review
答えは右ページ下

- [ ] I think so.
- [ ] I love it!
- [ ] Remember to write.
- [ ] I'll call you.
- [ ] How are you?
- [ ] Are you OK?
- [ ] Go for it!
- [ ] Take it easy.

Step 2 ダイアログを聞く))) MP3-20　　**Step 3** ロールプレイで音読!))) MP3-21

A: **I'm sorry you're sick. Get well soon.**
(体調が悪いようで残念だよ。早くよくなってね)

B: **Thanks. I will.**
(ありがとう。そうするわ)

A: **We're having a party this weekend.**
(今週末にパーティーをするの)

B: **That sounds ⊕ fun.**
(楽しそうだね)

A: **Will it be sunny tomorrow?**
(明日は晴れるのかな?)

B: **I hope so.**
(そうだといいわね)

A: **Is everything OK?**
(問題はない?)

B: **Sure. It's fine.**
(もちろん。順調よ)

Day 6))) MP3-16　Quick Review　　　　　　　　　答えは左ページ下

□ そう思います。　□ 最高!　　　　　□ 手紙書いてね。　□ 電話します。
□ 元気?　　　　　□ 大丈夫ですか?　□ 頑張ってね!　　□ 気をつけてね。

Day 8　3語のベーシックフレーズ：4

Step 1　チャンツでフレーズを覚える ♪ MP3-22

□ 057
I'm with you.

応答

❶ **同感です。** ❷ あなたの言っていることが分かります。

I agree with you.（あなたと同じ意見です）と同義。相手の意見や気持ちへの同調を表す。「あなたの言っていることが分かります」という意味もあり、Are you with me? なら「私の言っていることが分かりますか？」。

□ 058
What's going on?

質問

何事なの？／どうなっているの？／何が起きているの？

いつもと違った状況に対する驚きを表す。What's happening? と同義。What's going on here? のように、here（ここで）を入れることもある。

□ 059
Don't ⊕ do that.

入れ替え　指示

そんなことしないで。

Don't ～ . で「～するな」という命令・指示を表す。してはならないことをお互いが分かっていれば、Don't.（やめなさい）、Please don't.（やめてください）のように ⊕ 以下は省略できる。

□ 060
This is it!

驚き

❶ **これだ！**／見つけた！　❷（さあ）いよいよだ！

探していた物が見つかったときの喜びや驚きを表す。❷ のように、待ちに待ったことがいよいよ始まる場面でも用いられる。

continued

勉強する気分になれないときは、音声を「聞き流す」だけでもOK! 家で、車内で、いつでもどこでもフレーズに「触れる」時間を作ろう!

Step 2 ダイアログを聞く 》MP3-23　　**Step 3** ロールプレイで音読! 》MP3-24

A: **I think we should cut costs.**
（経費を削減するべきだと思うの）

B: **I'm with you.**
（同感だよ）

A: **Hey, what's going on?**
（あれ、何事なの？）

B: **I spilled my coffee over the carpet.**
（カーペットにコーヒーをこぼしちゃったの）

A: **I'm afraid I won't finish this in time.**
（これを時間内に終えられないと思うの）

B: **Don't ⊕ give up. You can do it.**
（あきらめないで。君ならできるよ）

A: **What do you have there?**
（何を持っているの？）

B: **This is it! This is the book I've been looking for.**
（これだ！ これが僕の探していた本だよ）

continued
▼

Step 1 チャンツでフレーズを覚える))MP3-22

□ 061
You know what?
ねえ知ってる？／ねえ聞いた？

質問

会話の切り出しに使われる。Do you know what? のように Do を省略しないで言うこともある。Guess what!（何だと思う！）も同じように用いられる。こう聞かれたら What?（何？）と聞き返せばよい。

□ 062
Are you sure?
本当に？／確かなの？

応答

相手の発言に疑念を抱いて、「あなたのその考えは確かなの？」と真意を確認する場合に使う。Really?（見出し番号 003）は驚いて「本当に？」と聞き返すニュアンス。

□ 063
Here we are.
❶ **さあ着いたよ。** ❷ ここにあるよ。

指示

目的地に到着したときのひと言。一緒に探していた物が見つかって「ここにあるよ」と伝える場合にも用いる。Here you are.（はいどうぞ）（見出し番号 034）と混同しないように注意。

□ 064
Is that so?
そうなの？／本当なの？

応答

相手の言ったことが本当かどうかを聞き返す際の表現。Is that right? も同義。文末は上昇調で話す。下降調で話すと、「そうなんだ、ふーん」と無関心なニュアンスになる。

Day 7))MP3-19 Quick Review   答えは右ページ下

- ☐ I'm not sure.
- ☐ Not a chance!
- ☐ I'm afraid so.
- ☐ Keep in touch.
- ☐ Get well soon.
- ☐ That sounds good.
- ☐ I hope so.
- ☐ Is everything OK?

Step 2 ダイアログを聞く 》MP3-23　　Step 3 ロールプレイで音読！》MP3-24

A: **You know what?**
(ねえ知ってる？)

B: **What? Tell me.**
(何？ 教えて)

A: **I'm going to quit this job.**
(この仕事、辞めるつもりなんだ)

B: **Are you sure?**
(本当に？)

A: **Here we are.**
(さあ着いたよ)

B: **Looks like a nice hotel, doesn't it?**
(すてきなホテルなようね)

A: **Taro is moving to Sapporo.**
(タロウが札幌に引っ越すんだ)

B: **Is that so? When?**
(そうなの？ いつ？)

Day 7 》MP3-19　Quick Review　　　　　　　　答えは左ページ下

- □ よく分かりません。
- □ 絶対無理！
- □ 残念ながらそうです。
- □ 連絡してね。
- □ 早くよくなってね。
- □ よさそうだね。
- □ そうだといいですね。
- □ 問題はない？

Day 9　3語のベーシックフレーズ：5

Step 1　チャンツでフレーズを覚える 》MP3-25

□ 065
It doesn't matter.

応答

❶ **どうってことないよ。**／気にしないで。　❷ どちらでもいいよ。

この matter は「重要［問題］である」という意味。謝罪に対しては「重要でない＝どうってことない」という意味になる。どちらかを選ぶよう問われた場合には、❷ のように「どちらでもいい」を表す。

□ 066
How time flies!

驚き

時がたつのが早いこと！

楽しかった時間があっという間に過ぎて、そろそろ帰らなければならないときなどに使う。My, how time flies! のように、文頭に My（まあ）をつけることもある。「あっという間に1年が過ぎた」など、時の経過に驚く場合にも使われる。

□ 067
Good for you!

応答

よかったね！／偉い！

相手の成し遂げたことに対する称賛の言葉。ちょっとしたことについても用いられる。

□ 068
So do I.

応答

私も（です）。

一般動詞を使った現在形の肯定文に対して、「私も」と同調する際に使う。be 動詞の場合は So am I. となる。いずれも Me too.（見出し番号 010）よりもフォーマルな表現。否定文に対しては、一般動詞の場合は Neither do I.、be 動詞の場合は Neither am I. を使う。

continued
▼

Step 3 で、テキストを見ずに日本語の後ですぐにフレーズが口をついて出たら、「使える」ようになった証拠。まだなら、繰り返し練習しよう!

Step 2 ダイアログを聞く 》MP3-26   **Step 3** ロールプレイで音読! 》MP3-27

A: **Sorry, I forgot to bring your CD.**
(ごめんなさい、あなたの CD を持ってくるの忘れちゃった)

B: **It doesn't matter.**
(どうってことないよ)

A: **It's almost 10. How time flies!**
(もうすぐ 10 時だよ。時がたつのが早いこと!)

B: **Yeah, we have to go now.**
(そうね、そろそろ帰らなくちゃ)

A: **I passed my driving test!**
(運転免許試験に合格したの!)

B: **Good for you!**
(よかったね!)

A: **I have two brothers.**
(僕は兄弟が 2 人いるんだ)

B: **So do I.**
(私も)

continued
▼

Step 1 チャンツでフレーズを覚える))) MP3-25

□ 069
What'll you have?
何飲む？／何食べる？

質問

What'll は What will の短縮形。レストランやパーティーなどで相手に飲食物を勧める際の表現。What are you having?、What'll it be? とも言う。ウエーターが客に対して使うと「ご注文は？」という意味になる。

□ 070
Let's ⊕ have lunch.
お昼にしよう。

入れ替え　提案

Let's 〜 . は「〜しよう」と提案する際の表現。「〜するのはやめよう」は Let's not 〜 . のように、Let's の後に not を入れる。

□ 071
Keep in there!
頑張れ！

励まし

今何かをしている人に対する励ましの言葉。Hang in there! とも言う。これから何かをする人に「頑張ってね！」と言う場合は Go for it!（見出し番号 046）を使う。

□ 072
Are you in?
仲間に入る？

質問

何かの計画に相手を誘い入れる際の表現。Would you like to join us?（ご一緒しませんか？）よりもカジュアルなニュアンス。右のダイアログの I'm in! は、Are you in? に対して「私もやる！」と返答する場合に使う。

Day 8))) MP3-22　Quick Review　　　　　　　　　　　　　答えは右ページ下

- ☐ I'm with you.
- ☐ What's going on?
- ☐ Don't do that.
- ☐ This is it!
- ☐ You know what?
- ☐ Are you sure?
- ☐ Here we are.
- ☐ Is that so?

Step 2 ダイアログを聞く MP3-26　　**Step 3** ロールプレイで音読! MP3-27

A: **What'll you have?**
(何飲む?)

B: **Let's see . . . I'll have a cola.**
(そうね…コーラにするわ)

A: **Let's ⊕ play cards.**
(トランプをしよう)

B: **That sounds good.**
(それがいいわ)

A: **You can do it! Keep in there!**
(君ならできるよ! 頑張れ!)

B: **I'm doing my best!**
(全力でやってるわよ!)

A: **We're going to a movie tonight. Are you in?**
(みんなで今夜、映画に行くんだ。仲間に入る?)

B: **Sure! I'm in!**
(もちろん! 私も行く!)

Day 8　MP3-22　Quick Review			答えは左ページ下
□ 同感です。	□ そんなことしないで。	□ ねえ知ってる?	□ さあ着いたよ。
□ 何事なの?	□ これだ!	□ 本当に?	□ そうなの?

Day 10 3語のベーシックフレーズ：6

Step 1 チャンツでフレーズを覚える 》MP3-28

□ 073
Take your time.
ゆっくりやっていいよ。／急がなくていいよ。

指示

「時間をかけてやっていいよ」といったニュアンス。何かを急いで終わらせようとしている人に対して使う。

□ 074
What's the matter?
どうしたの？

質問

普段と様子が違っていたり、困惑していたりする相手を気遣う表現。What's the matter with you? のように、後ろに with you をつけることもある。

□ 075
Make it fast.
早くしてね。／手短にね。

指示

Hurry up.（急げ）と似た表現だが、「早く済ませてください」といったニュアンス。相手に話を手短に終わらせるよう頼む場合にも使う。

□ 076
That's ● an idea.
それはいい考えだ。

入れ替え　応答

That's ～. は、相手の発言に対して「それは～だ」と感想を述べるときに使う。上のフレーズのように That's の後に名詞を続けるほか、That's good.（それはいいね）、That's great.（それはすごい）のように形容詞を置くこともできる。

continued
▼

今日で Chapter 2 は最後！ 時間に余裕があったら、章末の Review にも挑戦しよう。忘れてしまったフレーズも結構あるのでは？

Step 2 ダイアログを聞く 》MP3-29　　**Step 3** ロールプレイで音読！》MP3-30

A: **There's no hurry. Take your time.**
（急ぐことはないよ。ゆっくりやっていいよ）

B: **Thanks, I will.**
（ありがとう、そうするわ）

A: **What's the matter? You don't look well.**
（どうしたの？ 調子が悪そうだけど）

B: **I think I caught a cold.**
（風邪をひいたみたいなんだ）

A: **Can I stop by the convenience store?**
（コンビニに寄ってもいい？）

B: **Sure. But, make it fast.**
（いいよ。でも、早くしてね）

A: **I lost my favorite watch.**
（お気に入りの腕時計をなくしちゃったの）

B: **That's ⊕ a pity.**
（それは残念だね）

continued
▼

Step 1 チャンツでフレーズを覚える))MP3-28

□ 077
How about you?
あなたは（どう）？

質問

自分の発言の後で、相手の意向を問う際の表現。What about you? とも言う。

□ 078
I'm not kidding!
うそじゃないよ！／本当だよ！／冗談ではないよ！

意思

自分の話を信用していない相手に使う。「だましているんじゃないよ！」といったニュアンス。I kid you not! も同義。

□ 079
Watch your step.
足元に気をつけて。

指示

この watch は「〜に気をつける」という意味。Watch your head. なら「頭に気をつけて」となる。Watch your mouth.、Watch your tongue.（言葉遣いに気をつけなさい）という表現もある。

□ 080
You got it!
その通り！

応答

主に、相手からの確認に対する応答として用いる。「よく分かってるじゃない」といったニュアンス。

Day 9))MP3-25 Quick Review　　　　　　　　　　　　　答えは右ページ下
- ☐ It doesn't matter.
- ☐ Good for you!
- ☐ What'll you have?
- ☐ Keep in there!
- ☐ How time flies!
- ☐ So do I.
- ☐ Let's have lunch.
- ☐ Are you in?

Step 2 ダイアログを聞く ♪MP3-29　　Step 3 ロールプレイで音読！♪MP3-30

A: **I'm so hungry! How about you?**
(すごくおなかが減ったわ！ あなたは？)

B: **Me too.**
(僕もだよ)

A: **I can't believe that.**
(そんな話、信じられないわ)

B: **It's true! I'm not kidding!**
(本当だよ！ うそじゃないよ！)

A: **Watch your step. The stairs are steep.**
(足元に気をつけて。階段が急だから)

B: **OK.**
(うん)

A: **The meeting's at 3, right?**
(会議は3時よね？)

B: **You got it!**
(その通り！)

Day 9 ♪MP3-25　Quick Review　　　　　　　　　答えは左ページ下

- □ どうってことないよ。
- □ 時がたつのが早いこと！
- □ よかったね！
- □ 私も。
- □ 何飲む？
- □ お昼にしよう。
- □ 頑張れ！
- □ 仲間に入る？

Chapter 2 Review

1 ☐ 034

A: **Can you pass me the sugar, please?**
(お砂糖を取ってくれる？)

B: **H_____ y___ a___.**
(はいどうぞ)

2 ☐ 037

A: **Can I talk to you for a second?**
(ちょっとお話ししてもいいですか？)

B: **W_____ i__ i__?**
(何ですか？)

3 ☐ 040

A: **I____ o__ m__.**
(僕がおごるよ)

B: **Oh, thanks.**
(あら、ありがとう)

4 ☐ 041

A: **Is it going to snow tomorrow?**
(明日は雪が降るの？)

B: **I t_____ s__.**
(そう思うよ)

6日間学習したフレーズをおさらい。色文字の日本語を参考にして、各ダイアログの空所に当てはまるフレーズを、先頭の文字に続けて書き込もう。今回のフレーズはすべて3語。分からないときは、見出し番号を参照して復習しておこう（解答は p.63 下）。

5 ☐ 045
A : I'll miss you. R_____ t_ w_____.
（寂しくなるわ。手紙書いてね）

B : I will.
（そうするよ）

6 ☐ 046
A : I have a job interview today.
（今日、就職の面接があるの）

B : G_ f___ i_!
（頑張ってね！）

7 ☐ 050
A : Do you think he'll pass the exam?
（彼は試験に合格すると思う？）

B : N___ a c_____!
（絶対無理！）

8 ☐ 055
A : Is he coming to the party this Saturday?
（彼は今度の土曜日のパーティーに来るの？）

B : I h_____ s_.
（そうだといいね）

Chapter 2 Review

9 ☐ 056

A: I_ e_____ O_?
(問題はない？)

B: Yeah, everything is fine.
(ええ、すべて順調よ)

10 ☐ 061

A: Y___ k____ w____?
(ねえ知ってる？)

B: What?
(何？)

11 ☐ 064

A: Taro is quitting the company.
(タロウが会社を辞めるんだって)

B: I_ t____ s_? When?
(そうなの？　いつ？)

12 ☐ 067

A: I passed the entrance exam!
(入試に合格したの！)

B: G____ f___ y___!
(よかったね！)

13 ☐ 069

A: W_____ y___ h_____?
(何飲む?)

B: Well, I think I'll have a beer.
(そうね、ビールにしようかしら)

14 ☐ 073

A: We're not in a hurry. T_____ y_____ t____.
(急いではいないよ。ゆっくりやっていいよ)

B: OK, I will.
(そうね、そうするわ)

15 ☐ 077

A: I'm getting tired. H___ a_____ y___?
(疲れてきたわ。あなたは?)

B: Me too.
(僕もだよ)

解答

1. Here you are.
2. What is it?
3. It's on me.
4. I think so.
5. Remember to write.
6. Go for it!
7. Not a chance!
8. I hope so.
9. Is everything OK?
10. You know what?
11. Is that so?
12. Good for you!
13. What'll you have?
14. Take your time.
15. How about you?

Column 2
話すためのヒント

誤解されずに

どうせ話すなら、少しでも「うまく」話したい――そのためのヒントを3回に分けてご紹介。2回目は「誤解されずに」話すためのヒント！

イントネーションの違いでまったく違う意味に?!

イントネーションとは「抑揚」、つまり発声に上げ下げの調子をつけることです。この「上げ下げの調子」ひとつで、言いたいことが正しく伝わらない場合があります。例えば、Excuse me.（見出し番号031）。人に何かを尋ねるときなどに「すみません」、席を外すときに「失礼します」を表しますが、この場合、フレーズの最後は下降調（下げ調子）で話します。逆に、上昇調（上げ調子）でExcuse me? と言うと、相手の言ったことが聞き取れず「すみませんがもう一度言ってください」という意味になります。Is that so?（見出し番号064）は、上昇調ならば「そうなの?、本当なの?」といった驚きを表しますが、下降調に言うと「そうなんだ、ふーん」と相手の言ったことに対して無関心なニュアンスになります。イントネーションの違いで相手に誤解を与えることもあるので注意しましょう。

ぶっきらぼうはダメ。気持ちを込めて話そう！

ここでもう一度、Excuse me. に登場してもらいましょう。イントネーションの違いで意味が変わることは書きましたが、いずれの場合も、人に何かを尋ねたり、聞き返したりと相手に何かをお願いするときに使いますので、ぶっきらぼうな言い方はご法度です。「申し訳ありませんが」という気持ちを込めて使うようにしましょう。乱暴な調子でExcuse me! と言うと、「何だと!、もう一度言ってみろ!」と相手の発言に対して腹を立てているように聞こえます。What's the matter?（どうしたの?）（見出し番号074）も、優しく言えば気遣いの表現ですが、怒った調子で言えば「何やってんの?、バカじゃないの?」と相手をとがめているような印象を与えてしまいます。Step 3 でロールプレイに挑戦する際には、「気持ちを込めて」を忘れずに！

Chapter 3

たかが **4語のベーシックフレーズ40**

Chapter 3 では、4 語のベーシックフレーズ 40 を見ていきましょう。本書もここから後半戦！ フレーズも長くなってきますが、「聞く」＋「話す」の学習で、しっかりとマスターしていきましょう！

英語でコレ言える？

A : The library will be closed all next week.
（図書館は来週いっぱい閉館よ）
B : Really? T_____ n_____ t___ m__.
（本当に？ それは初耳だよ）

答えはDay 12でチェック！

Chapter 1
Chapter 2
Chapter 3
Chapter 4
入れ替えフレーズバリエーション 87
機能別フレーズ 160 リスト
Index

Day 11 **4語のベーシックフレーズ：1**　Page 66
Day 12 **4語のベーシックフレーズ：2**　Page 70
Day 13 **4語のベーシックフレーズ：3**　Page 74
Day 14 **4語のベーシックフレーズ：4**　Page 78
Day 15 **4語のベーシックフレーズ：5**　Page 82
Chapter 3 Review　Page 86

Day 11　4 語のベーシックフレーズ：1

Step 1　チャンツでフレーズを覚える ♪MP3-31

□ 081
How do you do?
初めまして。

あいさつ

初対面の人に対するあいさつ。普通、How do you do? に対しては、同じく How do you do? で答える。フォーマルな表現なので、カジュアルな場面なら Nice to meet you.（お会いできてうれしいです）でも OK。

□ 082
What do you mean?
どういう意味？／どういうこと？

質問

相手の発言の意図を確かめる際の表現。What do you mean by that?（それはどういう意味?）のように、by 以下で意味が分からない部分をつけ加えることもある。

□ 083
Can I ⊕ keep this?
これをもらってもいいですか？

入れ替え　質問

Can I ～ ? は「～してもいいですか？」と許可を求める際に使う。May I ～ ?、Could I ～ ?（～してもよろしいですか？）は Can I ～ ? より丁寧な表現。

□ 084
Long time no see.
お久しぶり。

あいさつ

久しぶりに再会した人へのあいさつ。カジュアルな表現なので、友人や親しい知人以外には It's been a long time.（お久しぶりです）を使ったほうがベター。

continued
▼

今日から4語のフレーズに挑戦。フレーズが長くなればなるほど、しっかりと身につけるには、「音読」を繰り返すことが大切だよ！

Step 2 ダイアログを聞く))) MP3-32   **Step 3** ロールプレイで音読！))) MP3-33

A: **Hello. How do you do?**
（こんにちは。初めまして）

B: **How do you do?**
（初めまして）

A: **I want to quit the company.**
（会社を辞めたいんだよ）

B: **What do you mean? Do you want a new job?**
（どういう意味？ 新しい仕事をしたいの？）

A: **Can I ⊕ say something?**
（発言してもいいですか？）

B: **Sure. Go ahead.**
（ええ。どうぞ）

A: **Hi! Long time no see.**
（やあ！ お久しぶり）

B: **Nice to see you again. How have you been?**
（また会えてうれしいわ。元気にしてた？）

continued
▼

Step 1 チャンツでフレーズを覚える 》MP3-31

□085
I'd be glad to.
応答

喜んで。

相手の依頼や誘いに応じる際の表現。単に Sure.（もちろん）（見出し番号 001）と答えるよりも、丁寧な印象を与えることができる。

□086
How have you been?
あいさつ

元気だった？／どうしてた？

How are you?（元気？）（見出し番号 042）が現在の状態を聞いているのに対し、How have you been? は現在完了形を使っているので、「（前に会ってから今まで）元気だった？」というニュアンスになる。How you been? のように have を省略することもある。

□087
I'd like ⊕ a tea.
入れ替え　意思

紅茶をください。／紅茶が欲しいのですが。／紅茶をお願いします。

I'd like ～．（～をください）は自分の欲しいものを相手に伝える際の表現。I want ～．（～が欲しい）よりも丁寧な表現で、文末に please をつけると丁寧さがさらに増す。

□088
Give it a try.
指示

（試しに）**やってごらん。**／試してごらん。

相手に何かをするよう勧める際の表現。「一緒にやってみよう」なら Let's give it a try.、「（自分が）やってみるよ」なら I'll give it a try. となる。

Day 10 》MP3-28　Quick Review　　　　　　　　　　　　　答えは右ページ下
- ☐ Take your time.　☐ Make it fast.　☐ How about you?　☐ Watch your step.
- ☐ What's the matter?　☐ That's an idea.　☐ I'm not kidding!　☐ You got it!

Step 2 ダイアログを聞く 》MP3-32　　**Step 3** ロールプレイで音読！》MP3-33

A: **Would you help me move this desk?**
（このデスクを動かすのを手伝ってくれますか？）

B: **I'd be glad to.**
（喜んで）

A: **Hi! How have you been?**
（やあ！ 元気だった？）

B: **Great! How about you?**
（元気よ！ あなたは？）

A: **What would you like to drink?**
（お飲み物は何がいいですか？）

B: **I'd like ⊕ a coffee.**
（コーヒーをください）

A: **I've never done scuba diving.**
（スキューバダイビングはしたことがないの）

B: **Come on! Give it a try.**
（大丈夫！ やってごらん）

Day 10 》MP3-28　Quick Review　　　　　　　　　　　答えは左ページ下

☐ ゆっくりやっていいよ。　☐ 早くしてね。　　　　☐ あなたは？　　　　☐ 足元に気をつけて。
☐ どうしたの？　　　　　　☐ それはいい考えだ。　☐ うそじゃないよ！　☐ その通り！

Day 12　4語のベーシックフレーズ：2

Step 1　チャンツでフレーズを覚える))) MP3-34

☐ 089
Are you feeling OK?

（質問）

（気分は）**大丈夫？**／気分はどう？

相手の体調を気遣う表現。Are you OK? は体調に限らず、相手が困っている場面など、さまざまな状況で「大丈夫？」と聞くときに使う。

☐ 090
It's up to you.

（応答）

君に任せるよ。／君次第だよ。

相手に判断を委ねる際に使う。「（私はどうでもいいので）あなたが決めていいですよ」というニュアンス。

☐ 091
Nice to meet you.

（あいさつ）

お会いできてうれしいです。／初めまして。

初対面の人に対するあいさつで、How do you do?（見出し番号 081）よりもカジュアル。Good to meet you.、Pleased to meet you. も使われる。再会した人に対しては、Nice to see you again.（またお会いできてうれしいです）のように、meet ではなく see を使う。

☐ 092
Would you ● help me?

（入れ替え）（依頼）

手伝っていただけますか？

Would you ～? は「～していただけますか？」と丁寧に依頼する際の表現。Could you ～? も同じく丁寧な依頼を表す。いずれも文末に please をつけるとさらに丁寧さが増す。Will you ～? と Can you ～? は「～してくれる？」のようにカジュアルなニュアンスになる。

continued
▼

フレーズは、ダイアログの中で覚えると、定着度が飛躍的にアップする。
そのためにも、Step 2 と Step 3 の学習を忘れずに！

Step 2　ダイアログを聞く 》MP3-35　　Step 3　ロールプレイで音読！》MP3-36

A: **Are you feeling OK?** You look pale.
（大丈夫？　顔色が悪いよ）

B: I have a slight fever.
（少し熱があるの）

A: What do you want for lunch?
（お昼に何が食べたい？）

B: **It's up to you.**
（君に任せるよ）

A: I'm Jane. **Nice to meet you.**
（私はジェインです。お会いできてうれしいです）

B: Nice to meet you, too.
（こちらこそ、お会いできてうれしいです）

A: **Would you ⊕ speak up?** I can't hear you very well.
（もっと大きな声で話していただけますか？　よく聞こえません）

B: Oh, sorry.
（あっ、すみません）

continued
▼

Step 1 チャンツでフレーズを覚える 》MP3-34

☐ 093

It's about that time.

そろそろ時間だよ。

指示

何かをすべき時間になったことを伝えるときの表現。パーティーへの同行者に言えば「そろそろ帰る時間だよ」、夜、子どもに言えば「そろそろ寝る時間だよ」となる。It's that time. のように about を抜かすこともある。

☐ 094

Don't work too hard.

無理しないでね。／頑張りすぎないでね。

あいさつ

別れ際のあいさつ。Take it easy.（気をつけてね）（見出し番号 048）と似たニュアンス。この場合の work は「勉強する」など、「働く」以外も含む。

☐ 095

Let me ● help you.

（あなたを）**手伝わせてください。**

入れ替え 意思

Let me ~ . は「（私に）~させてください」と申し出たり、お願いしたりする際の表現。Let me think about it. は「（それを）考えさせてください」と即答できないときに使う。

☐ 096

That's news to me.

それは初耳です。

応答

「それは知らなかった」と驚いているニュアンス。news は数えられない名詞なので、冠詞の a はつかないことに注意。

Day 11 》MP3-31 Quick Review
答えは右ページ下

☐ How do you do?　☐ Can I keep this?　☐ I'd be glad to.　☐ I'd like a tea.
☐ What do you mean?　☐ Long time no see.　☐ How have you been?　☐ Give it a try.

Step 2 ダイアログを聞く 》MP3-35　　Step 3 ロールプレイで音読！》MP3-36

A: **Are you ready? It's about that time.**
(準備はできた？ そろそろ時間だよ)

B: **OK, let's go.**
(ええ、出かけましょう)

A: **See you soon. Don't work too hard.**
(また近いうちにね。無理しないでね)

B: **I won't.**
(そうだね)

A: **Let me ⊕ introduce Cathy.**
(キャシーを紹介させてください)

B: **Hi, Cathy. Nice to meet you.**
(こんにちは、キャシー。お会いできてうれしいです)

A: **The library will be closed all next week.**
(図書館は来週いっぱい閉館よ)

B: **Really? That's news to me.**
(本当に？ それは初耳だよ)

Day 11 》MP3-31 Quick Review　　　　　　　　　　答えは左ページ下

- □ 初めまして。
- □ どういう意味？
- □ これをもらってもいいですか？
- □ お久しぶり。
- □ 喜んで。
- □ 元気だった？
- □ 紅茶をください。
- □ やってごらん。

Day 13　4語のベーシックフレーズ：3

Step 1　チャンツでフレーズを覚える 》MP3-37

□ 097
Maybe some other time.
また別の機会にでも。　〔応答〕

誘いを断る場合と断られた場合の両方で使える。丁寧な表現。We'll try again some other time. も同じ意味で用いられる。

□ 098
Can I join you?
一緒してもいい？　〔質問〕

食事などをしている友人や知人たちの輪に加わるときの表現。知らない人に対しては、より丁寧な May I join you? や Could I join you?（ご一緒してもいいですか？）を使おう。

□ 099
How was ● your trip?
旅行はどうだった？　〔入れ替え〕〔質問〕

How was ～? は「～はどうでしたか？」と過去の出来事についての感想や意見を求める表現。How's ～?（見出し番号 038）は「～はお元気ですか？、～の調子はどうですか？」。

□ 100
Leave it to me.
私に任せてください。　〔意思〕

相手の依頼に応じる際の表現。Leave everything to me.（すべて私に任せてください）のように、it をほかの語に置き換えて使うこともできる。I'll leave it to you. なら「あなたにお任せします」。

continued
▼

学習したフレーズを使って話してみよう。イメージトレーニングでもOK。「それは初耳です」（見出し番号 096）ってすぐ言える？

Step 2 ダイアログを聞く 》MP3-38　　**Step 3** ロールプレイで音読！》MP3-39

A: **Would you like to have dinner with me tonight?**
（今夜、一緒に夕食でもどう？）

B: **Sorry, I can't. Maybe some other time.**
（ごめんなさい、行けないわ。また別の機会にでも）

A: **Can I join you?**
（一緒してもいい？）

B: **Sure! Have a seat.**
（もちろん！ 座りなよ）

A: **How was ⊕ the movie?**
（映画はどうだった？）

B: **Pretty good, I think.**
（なかなかよかったと思うよ）

A: **Can you finish the report by Friday?**
（その報告書を金曜日までに仕上げてくれますか？）

B: **Sure. Leave it to me.**
（ええ。私に任せてください）

continued
▼

Step 1 チャンツでフレーズを覚える ») MP3-37

□ 101
Are you all set?
準備はできた？

質問

Are you ready? と同義だが、ややカジュアルな表現。Are you set? のように all を省くこともある。I'm all set. なら「準備できたよ」。レストランの店員などが使うと、「会計の準備はできましたか？」という意味になる。

□ 102
What do you do?
お仕事は何ですか？／ご職業は？

あいさつ

初対面の人などに職業を聞く際の表現。What do you do for a living? のように後ろに for a living をつけることもある。What does your son do? なら「息子さんのご職業は？」。

□ 103
Thanks for ⊕ your help.
手伝ってくれてありがとう。

入れ替え 感謝

Thanks for ~ .（~をありがとう）は相手がしてくれたことに対する感謝の表現。Thank you for ~ .（~をありがとうございます）よりカジュアル。Thanks very much for ~ .（~をどうもありがとう）のように very much を入れると感謝の気持ちが強くなる。

□ 104
I'll be right there.
すぐ行きます。

応答

人に呼ばれたときの応答表現。I'm coming. も同じように使う。

Day 12 ») MP3-34 Quick Review
答えは右ページ下

- [ ] Are you feeling OK?
- [ ] Nice to meet you.
- [ ] It's about that time.
- [ ] Let me help you.
- [ ] It's up to you.
- [ ] Would you help me?
- [ ] Don't work too hard.
- [ ] That's news to me.

Step 2 ダイアログを聞く 》MP3-38　　**Step 3** ロールプレイで音読！》MP3-39

A: **It's time to go. Are you all set?**
（もう出かける時間だよ。準備はできた？）

B: **Sure. Let's go.**
（いいわよ。出かけましょう）

A: **Nice to meet you. What do you do?**
（お会いできてうれしいです。お仕事は何ですか？）

B: **I'm a software engineer.**
（ソフトウエアエンジニアです）

A: **Thanks for ⊕ the ride.**
（車に乗せてくれてありがとう）

B: **No problem. Anytime.**
（どういたしまして。いつだっていいよ）

A: **Dinner is ready.**
（夕食ができたわよ）

B: **I'll be right there.**
（すぐ行くよ）

Day 12 》MP3-34 Quick Review　　　　　　　　　　答えは左ページ下

☐ 大丈夫？　　　　　☐ お会いできてうれしいです。　☐ そろそろ時間だよ。　　☐ 手伝わせてください。
☐ 君に任せるよ。　　☐ 手伝っていただけますか？　　☐ 無理しないでね。　　　☐ それは初耳です。

Chapter 1

Chapter 2

Chapter 3

Chapter 4

入れ替え
フレーズ
バリエーション
87

機能別
フレーズ
160
リスト

Index

Day 14　4語のベーシックフレーズ：4

Step 1　チャンツでフレーズを覚える))) MP3-40

□ 105
So far so good.
今のところ順調だよ。／ここまではまずまずだよ。

応答

How's ～?（～の調子はどうですか？）（見出し番号 038）などの質問に対する応答表現。

□ 106
I think ● you're right.
あなたは正しいと思います。

入れ替え　意思

I think ～ . は「（私は）～と思います」と自分の考えを述べる際の表現。「～と思うのですが」と主張を和らげる働きもある。「～とは思いません」は I don't think ～ . 。相手の考えを尋ねるときは Do you think ～?（～と思いますか？）を使う。

□ 107
Let's do this again.
またやろうね。

提案

飲食やスポーツ、ピクニックなど、楽しかった出来事が終わった後の別れ際に使う。Let's do this again sometime.（またいつかやろうね）のように最後に sometime をつけ加えることもある。We must do this again. も同じように用いられる。

□ 108
Have a nice day.
よい1日を。

あいさつ

別れ際のあいさつ。Have a good day.、Have a good one. と言うこともある。会計を終えた客に対して店員が使うこともある。Have a nice trip.（よいご旅行を）も覚えておこう。

continued
▼

「声に出す」練習は続けてる? えっ、周りに人がいてできない? そんなときは「口パク」でも OK。口を動かす練習を忘れずに!

Step 2 ダイアログを聞く))MP3-41 **Step 3** ロールプレイで音読!))MP3-42

A: **How's your new job going?**
(新しい仕事の調子はどう?)

B: **So far so good.** Thanks for asking.
(今のところ順調だよ。お気遣いありがとう)

A: **Can you believe what he said?**
(彼の言ったこと、信じられる?)

B: **I think ⊕ it's true.**
(本当だと思うよ)

A: **I had a really good day today.**
(今日は本当に楽しい 1 日だったわ)

B: **Yes. Let's do this again.**
(そうだね。またやろうね)

A: **Bye. Have a nice day.**
(じゃあね。よい 1 日を)

B: **You too.**
(あなたもね)

continued
▼

Step 1 チャンツでフレーズを覚える ») MP3-40

□ 109
Here's ⊕ my phone number.
これは私の電話番号です。

入れ替え / 指示

Here's ～ .（これは～です）は、相手に何かを手渡すときの表現。「さあどうぞ、受け取ってください」というニュアンス。渡す物が複数の場合は Here are ～ . を使う。

□ 110
What do you think?
どう思いますか？

質問

相手の意見や感想を聞く際に使う。日本語の「どう」につられて、What を How にしないように注意。「～のことをどう思いますか？」は、What do you think of ～ ?、What do you think about ～ ? のように、of または about をつなげる。

□ 111
That's fine with me.
それで構わないよ。 ／それでいいよ。

応答

相手の発言に異存がないことを表す。That's OK with me. とも言う。いずれも with を by に置き換えて That's fine by me.、That's OK by me. と言うこともできる。

□ 112
When do we eat?
ごはんはいつ？

質問

食事時間を問う際のカジュアルな表現。親しい間柄なら、When will the meal be served?（食事はいつ出ますか？）などと丁寧に言わなくても、この表現で OK。

Day 13 ») MP3-37 Quick Review
答えは右ページ下

☐ Maybe some other time. ☐ How was your trip? ☐ Are you all set? ☐ Thanks for your help.
☐ Can I join you? ☐ Leave it to me. ☐ What do you do? ☐ I'll be right there.

Step 2 ダイアログを聞く))MP3-41　　**Step 3** ロールプレイで音読！))MP3-42

A: **Here's ⊕ your birthday present.**
(これは君の誕生日プレゼントだよ)

B: **Oh, how nice of you!**
(まあ、あなたってなんて優しいの！)

A: **I like this car! What do you think?**
(この車、気に入ったよ！ どう思う？)

B: **I think it's a little too big for us.**
(私たちにはちょっと大きすぎるんじゃないかしら)

A: **Can we meet at Shinjuku at 6?**
(新宿に6時に待ち合わせでいい？)

B: **That's fine with me.**
(それで構わないよ)

A: **Smells good! When do we eat?**
(いいにおい！ ごはんはいつ？)

B: **In half an hour or so.**
(30分後ぐらいよ)

Day 13))MP3-37　Quick Review　　　　　　　　答えは左ページ下

☐ また別の機会にでも。　☐ 旅行はどうだった？　☐ 準備はできた？　☐ 手伝ってくれてありがとう。
☐ 一緒してもいい？　　　☐ 私に任せてください。　☐ お仕事は何ですか？　☐ すぐ行きます。

Day 15　4 語のベーシックフレーズ：5

Step 1　チャンツでフレーズを覚える 》MP3-43

☐ 113
I'll be back soon.
すぐ戻ります。

（意思）

短時間、席を外したり、その場から離れる際の表現。I'll be right back.、I'll be back in a minute.、I'll be back in a second. とも言う。

☐ 114
How about ◦ a walk?
散歩しませんか？

（入れ替え／提案）

How about ～ ? は「～しませんか？、～はどうですか？」と提案したり、誘ったりする際の表現。What about ～ ? も同じように使う。

☐ 115
Where are you from?
出身はどちらですか？

（あいさつ）

初対面の人などに出身地を聞くときに使う。日本で外国人にこう聞かれたら I'm from Japan.（日本出身です）ではなく、I'm from Osaka.（大阪出身です）など、地名で答えよう。

☐ 116
I'm afraid ◦ I can't.
残念ながらできないと思います。

（入れ替え／意思）

I'm afraid ～ . で「残念ながら～と思います」を表す。「残念ながら」という感情が入っている点が I think ～ .（～と思います）（見出し番号 106）との違い。

continued
▼

今日で Chapter 3 は最後！ 時間に余裕があったら、章末の Review にも挑戦しよう。忘れてしまったフレーズも結構あるのでは？

Step 2　ダイアログを聞く 》MP3-44　　Step 3　ロールプレイで音読！》MP3-45

A: **Stay here. I'll be back soon.**
（ここにいて。すぐ戻るよ）

B: **Where are you going?**
（どこに行くの？）

A: **How about ⊕ a break? I'm getting tired.**
（休憩しない？　疲れてきたよ）

B: **OK. Take five.**
（いいわよ。5分間休みましょう）

A: **Where are you from?**
（出身はどちらですか？）

B: **I'm from Newcastle, Australia.**
（オーストラリアのニューキャッスル出身です）

A: **Why didn't he come to the party?**
（何で彼はパーティーに来なかったの？）

B: **I'm afraid ⊕ he's ill.**
（残念ながら彼は具合が悪いんだと思うよ）

continued

Step 1 チャンツでフレーズを覚える 》MP3-43

☐ 117
I can't help it.
応答

どうしようもない。／仕方がない。／しょうがない。

「状況を改善する手段がない」というニュアンス。It can't be helped. とも言う。

☐ 118
Make yourself at home.
指示

楽にしてください。／おくつろぎください。

訪問客への気遣いの言葉。「自分の家にいるように思ってください」が原義。My house is your house. も同じように使う。相手が複数の場合は Make yourselves at home. のように yourself を yourselves にする。

☐ 119
Nice talking to you.
あいさつ

お話しできてよかったです。

別れ際のあいさつ。Good talking to you. も使われる。Nice meeting you.、Good meeting you.（お会いできてよかったです）も覚えておこう。

☐ 120
Shall I ◦ help you?
入れ替え　提案

お手伝いしましょうか？

Shall I ～ ? は「（私が）～しましょうか？」と申し出る際の表現。「（一緒に）～しましょうか？」は Shall we ～ ?。

Day 14 》MP3-40　Quick Review
答えは右ページ下

☐ So far so good.　☐ Let's do this again.　☐ Here's my phone number.　☐ That's fine with me.
☐ I think you're right.　☐ Have a nice day.　☐ What do you think?　☐ When do we eat?

Step 2 ダイアログを聞く 》MP3-44　　Step 3 ロールプレイで音読！》MP3-45

A: **Can't you stop that coughing?**
(そのせき止められないの？)

B: **I can't help it. I have a cold.**
(どうしようもないよ。風邪をひいてるんだから)

A: **Please come in. Make yourself at home.**
(どうぞお上がりください。楽にしてください)

B: **Thank you. Nice to be here.**
(ありがとうございます。お招きいただきうれしいです)

A: **Nice talking to you. See you soon.**
(お話しできてよかったです。近いうちに会いましょう)

B: **Yeah. See you.**
(ええ。では)

A: **Shall I ● bring drinks?**
(飲み物を持って行きましょうか？)

B: **Yes. That would be lovely.**
(ええ。それはありがたいわ)

Day 14 》MP3-40　Quick Review　　　　　　　　　　　答えは左ページ下
☐ 今のところ順調だよ。　☐ またやろうね。　☐ これは私の電話番号です。　☐ それで構わないよ。
☐ あなたは正しいと思います。　☐ よい1日を。　☐ どう思いますか？　☐ ごはんはいつ？

Chapter 3 Review

1 ☐ 081

A: H___ d__ y___ d__? Glad to meet you.
(初めまして。お会いできてうれしいです)

B: Thank you.
(ありがとうございます)

2 ☐ 084

A: L_____ t____ n__ s___.
(お久しぶり)

B: How have you been doing?
(元気にしてた?)

3 ☐ 085

A: Would you help me with this?
(これを手伝ってくれますか?)

B: I__ b_ g____ t_.
(喜んで)

4 ☐ 089

A: A___ y___ f_____ O__?
(大丈夫?)

B: Well, I'm dizzy.
(あの、めまいがするの)

5日間学習したフレーズをおさらい。色文字の日本語を参考にして、各ダイアログの空所に当てはまるフレーズを、先頭の文字に続けて書き込もう。今回のフレーズはすべて4語。分からないときは、見出し番号を参照して復習しておこう（解答はp.89下）。

(5) ☐094

A: Bye. D_____ w_____ t____ h_____.
（じゃあね。無理しないでね）

B: I won't.
（そうだね）

(6) ☐096

A: That restaurant closed last month.
（あのレストランは先月、閉店したのよ）

B: Really? T_____ n_____ t__ m__.
（本当に？ それは初耳だよ）

(7) ☐098

A: C____ I j_____ y____?
（一緒してもいい？）

B: Sure! Come over here.
（もちろん！ こっちへおいでよ）

(8) ☐102

A: Nice to meet you. W_____ d__ y____ d__?
（お会いできてうれしいです。お仕事は何ですか？）

B: I'm a teacher.
（教師です）

Chapter 3 Review

9 ☐ 104
A: **There's a phone call for you!**
(あなたに電話よ!)

B: **I__ b_ r_____ t_____.**
(すぐ行くよ)

10 ☐ 105
A: **How's the project going?**
(プロジェクトはうまくいってる?)

B: **S_ f___ s_ g_____.**
(今のところ順調だよ)

11 ☐ 110
A: **I like this music! W_____ d_ y____ t_____?**
(この音楽いいね! どう思う?)

B: **I love it!**
(最高!)

12 ☐ 112
A: **I'm hungry! W_____ d_ w_ e____?**
(おなか減ったよ! ごはんはいつ?)

B: **In a minute.**
(すぐよ)

⓭ ☐ 115

A : W_____ a___ y___ f_____?
(出身はどちらですか？)

B : I'm from San Francisco.
(サンフランシスコ出身です)

⓮ ☐ 118

A : Welcome! M_____ y_____ a_ h_____.
(ようこそ！ 楽にしてください)

B : Thank you.
(ありがとうございます)

⓯ ☐ 119

A : N____ t_____ t_ y____. See you again.
(お話しできてよかったです。また会いましょう)

B : Yes, I'll e-mail you.
(ええ、メール出します)

解答

1. How do you do?
2. Long time no see.
3. I'd be glad to.
4. Are you feeling OK?
5. Don't work too hard.
6. That's news to me.
7. Can I join you?
8. What do you do?
9. I'll be right there.
10. So far so good.
11. What do you think?
12. When do we eat?
13. Where are you from?
14. Make yourself at home.
15. Nice talking to you.

Column 3
話すためのヒント

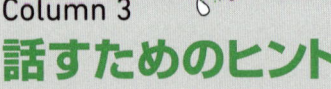

丁寧に

どうせ話すなら、少しでも「うまく」話したい——そのためのヒントを3回に分けてご紹介。最後は「丁寧に」話すためのヒント!

お願いは Will you 〜? よりも Would you 〜? が丁寧

人に何かをお願いする際には丁寧にしたいもの。親しい間柄なら Will you 〜? または Can you 〜?(〜してくれる?)でも OK ですが、目上の人や見知らぬ人に対しては Would you 〜?(見出し番号 092)または Could you 〜?(〜していただけますか?)を使ったほうが無難です。Will you 〜? と Can you 〜?、Would you 〜? と Could you 〜? の間には微妙なニュアンスの違いがありますが、丁寧にお願いする際には Would you 〜? か Could you 〜? を使うと覚えておいて問題ありません。許可を求める際の Can I 〜?(〜してもいいですか?)(見出し番号 083)よりも、Could I 〜? または May I 〜?(〜してもよろしいですか?)のほうが丁寧な表現であることも併せて覚えておきましょう。

want は子どもっぽい感じ。大人は would like を使おう!

何かが欲しいときに I want 〜. を使うと、言い方によっては「〜が欲しいー!」と子どもがだだをこねているようにも聞こえます。ここでも、親しい間柄なら I want 〜. でも OK ですが、それ以外は I'd like 〜.(〜が欲しいのですが)(見出し番号 087)を使うようにしましょう(I'd は I would の短縮形です)。似た表現に、この後の Chapter 4 に登場する I'd like to 〜.(〜したいのですが)(見出し番号 135)があります。こちらも I want to 〜.(〜したい)よりも丁寧な表現です。親しい間柄なら I want 〜. も OK と書きましたが、それも状況次第。打ち解けた雰囲気なら、くだけた表現のほうが自然な場合もありますが、子どもっぽく思われるのは避けたいところです。「親しき仲にも礼儀あり」を忘れずに!

Chapter 4

挑戦! 5語以上のベーシックフレーズ40

本書もいよいよ最後のChapterに入りました。このChapterでは、5語以上のベーシックフレーズ40をマスターしていきましょう。残りはわずか5日です。完走を目指して頑張りましょう!

英語でコレ言える?

A: I'd like to go out with you.
（君とデートしたいんだけど）
B: L___ m_ s_____ o_
i__.
（一晩考えさせて）

答えはDay 20でチェック!

Day 16 **5語以上のベーシックフレーズ：1** Page 92
Day 17 **5語以上のベーシックフレーズ：2** Page 96
Day 18 **5語以上のベーシックフレーズ：3** Page 100
Day 19 **5語以上のベーシックフレーズ：4** Page 104
Day 20 **5語以上のベーシックフレーズ：5** Page 108
Chapter 4 Review Page 112

Day 16 5語以上のベーシックフレーズ：1

Step 1 チャンツでフレーズを覚える)) MP3-46

□ 121
Everything will be all right.
すべてうまくいくよ。

（励まし）

これからのことに不安を感じている人を元気づける際の表現。all right を、OK や fine、great に置き換えて、それぞれ Everything will be OK.、Everything will be fine.、Everything will be great. と言うこともある。

□ 122
Nice to see you again.
またお会いできてうれしいです。

（あいさつ）

再会した人に対するあいさつ。Good to see you again. も使われる。初対面の人に対しては Nice to meet you.（お会いできてうれしいです）（見出し番号 091）のように see ではなく meet を使う。

□ 123
I'm sorry to ⊕ trouble you.
お手数をおかけしてすみません。

（入れ替え）（謝罪）

I'm sorry to ～ . は「～してすみません、～してごめんなさい」と謝罪する際の表現。I'm sorry to hear that.（それを聞いて残念です、それはお気の毒に）のように「～して残念に思う」という意味もある。

□ 124
I had a nice time.
楽しかったです。 ／楽しい時を過ごしました。

（あいさつ）

別れ際のあいさつ。招待された家から帰るときなどに使う。I had a lovely time. とも言う。

continued

フレーズがなかなか身につかないときこそ、「音読」をしよう。少し遠回りのような気がしても、実はそれが英会話力習得の近道！

Step 2 ダイアログを聞く 》MP3-47   Step 3 ロールプレイで音読！》MP3-48

A: **Don't worry. Everything will be all right.**
（心配しないで。すべてうまくいくよ）

B: **Now I feel a lot better.**
（ずいぶん気が楽になったわ）

A: **Remember me? We met last month.**
（私のこと覚えてます？ 先月お会いしました）

B: **Oh! Nice to see you again.**
（ああ！ またお会いできてうれしいです）

A: **I'm sorry to ⊕ keep you waiting.**
（お待たせしてすみません）

B: **It's OK. I have plenty of time.**
（いいんです。時間はたっぷりありますから）

A: **Thank you. I had a nice time.**
（ありがとうございます。楽しかったです）

B: **Do come again.**
（またぜひお越しください）

continued
▼

Step 1 チャンツでフレーズを覚える)) MP3-46

□ 125
Can I give you a hand?
手伝いましょうか？／手を貸しましょうか？

質問

この hand は「手伝い、手助け」という意味。手伝うものを加える場合には Can I give you a hand with your homework?（宿題を手伝いましょうか？）のように with を続ける。Can you give me a hand? なら「手伝ってくれますか？」になる。

□ 126
Do you know what I mean?
私の言っていることが分かりますか？

質問

自分の言いたいことを相手が理解しているかどうか確認する際に使う。Do you know what I'm saying? とも言う。いずれの場合も Do を省略することがある。You know?（分かるでしょ？）も似たニュアンス。

□ 127
It's time to ⊕ say goodbye.
お別れの時間です。

入れ替え　意思

It's time to ~ . で「（そろそろ）～する時間です、～すべき時間です」を表す。相手に対して使えば、「そろそろ～したほうがいい時間ですよ」と指示するニュアンスになる。

□ 128
I'm glad to hear that.
それはよかったです。

意思

相手の発言に対して一緒に喜ぶ際の表現。直訳の「それを聞いてうれしいです」から上のような意味になる。逆に一緒に悲しんだり、慰めたりする際は I'm sorry to hear that. や That's too bad.（お気の毒に）（見出し番号 039）を使う。

Day 15)) MP3-43　Quick Review　　　　　　　　　　　　　　　　答えは右ページ下
- [ ] I'll be back soon.
- [ ] Where are you from?
- [ ] I can't help it.
- [ ] Nice talking to you.
- [ ] How about a walk?
- [ ] I'm afraid I can't.
- [ ] Make yourself at home.
- [ ] Shall I help you?

Step 2 ダイアログを聞く))MP3-47　　Step 3 ロールプレイで音読！))MP3-48

A: Can I give you a hand?
（手伝いましょうか？）

B: Thanks very much.
（どうもありがとう）

A: Do you know what I mean?
（私の言っていることが分かりますか？）

B: Sorry, not exactly.
（すみません、あまり正確には）

A: It's time to ⊕ take a break.
（ひと休みする時間だね）

B: Yeah, we've been driving for almost two hours.
（ええ、2時間近く運転しているものね）

A: The book you lent me is very interesting.
（君が貸してくれた本、とても面白いよ）

B: Really? I'm glad to hear that.
（本当？ それはよかったわ）

Day 15))MP3-43 Quick Review　　答えは左ページ下

☐ すぐ戻ります。　☐ 出身はどちらですか？　☐ どうしようもない。　☐ お話しできてよかったです。
☐ 散歩しませんか？　☐ 残念ながらできないと思います。　☐ 楽にしてください。　☐ お手伝いしましょうか？

Day 17　5語以上のベーシックフレーズ：2

Step 1　チャンツでフレーズを覚える ») MP3-49

□ 129
I have to go now.
そろそろ帰らなくては。

意思

いとまごいをする際の表現。I have to move along.、I have to be moving along. も同じように使う。

□ 130
I don't feel like it.
そういう気分じゃないんです。

応答

相手の誘いを断る際の表現。この feel like は「～したい気分がする」という意味。I'm not in the mood. も同じように使う。

□ 131
Are you ready for ⊕ the test?
テストの準備はできているの？

入れ替え　質問

Are you ready for ～? で「～の準備はできていますか？、～の用意はできていますか？」を表す。「～する準備はできていますか？」は Are you ready to ～? で、「～」に動詞を入れる。

□ 132
What would you like to drink?
お飲み物は何がいいですか？／何が飲みたいですか？

質問

客などに飲み物を勧める際に使う。What do you want to drink?（何が飲みたい？）よりも丁寧な表現。What would you like to eat? なら「何が食べたいですか？」。

continued
▼

フレーズが長くなればなるほど、「繰り返し」の学習が大切。1度で覚えられたと安心せず、2度、3度とフレーズに触れる回数を増やそう。

Step 2 ダイアログを聞く 》MP3-50　　**Step 3** ロールプレイで音読！》MP3-51

A: **It's late. I have to go now.**
(遅くなっちゃったわ。そろそろ帰らなくちゃ)

B: **OK, see you soon.**
(そうだね、また近いうちにね)

A: **Why don't we go out somewhere tonight?**
(今晩、どこかへ出かけない?)

B: **Well . . . I don't feel like it.**
(うーん…そういう気分じゃないの)

A: **Are you ready for ⊕ your wedding?**
(結婚式の準備はできてるの?)

B: **Yeah, almost.**
(うん、ほとんどね)

A: **What would you like to drink?**
(お飲み物は何がいいですか?)

B: **Do you have any beer?**
(ビールはありますか?)

continued
▼

Step 1 チャンツでフレーズを覚える))) MP3-49

□ 133
Are you leaving so soon?
もうお帰りですか？

（あいさつ）

いとまごいをする客への言葉。普通は、最初の数名の客に対して使う。遅くまで残っていた客に対して使うと、嫌みな感じになることもあるので注意。

□ 134
Have you been keeping busy?
忙しくしてた？

（あいさつ）

主に、久しぶりに会った人に対して使う。返答は、Yeah, too busy.（うん、すごく忙しいよ）、No, not at all.（いや、全然）など。

□ 135
I'd like to ● talk to you.
あなたとお話ししたいのですが。

（入れ替え）（意思）

I'd like to 〜 . は「〜したいのですが」と希望を述べる際に使う。I want to 〜 .（〜したい）よりも丁寧な表現。

□ 136
Can I see you again?
また会えますか？

（あいさつ）

別れ際に、再会を希望するときに使う。Could I see you again?（またお会いできますか？）よりはカジュアルなニュアンス。初デートの後に使ったりもする。

Day 16))) MP3-46 Quick Review　　　　　　　　　　　　　答えは右ページ下

☐ Everything will be all right. ☐ I'm sorry to trouble you. ☐ Can I give you a hand? ☐ It's time to say goodbye.
☐ Nice to see you again. ☐ I had a nice time. ☐ Do you know what I mean? ☐ I'm glad to hear that.

Step 2 ダイアログを聞く 》MP3-50   **Step 3** ロールプレイで音読！》MP3-51

A: **I have to move along.**
（そろそろ帰らなくては）

B: **Oh, are you leaving so soon?**
（あら、もうお帰りですか？）

A: **Have you been keeping busy?**
（忙しくしてた？）

B: **No, not really.**
（いや、それほどでも）

A: **I'd like to ⊕ ask you a question.**
（あなたに質問したいのですが）

B: **Sure. What would you like to know?**
（どうぞ。何が知りたいのですか？）

A: **It was a wonderful night. Can I see you again?**
（素晴らしい夜だったよ。また会える？）

B: **Sure. I'll e-mail you.**
（ええ。メールするわね）

Day 16 》MP3-46 Quick Review   答えは左ページ下

□ すべてうまくいくよ。　　□ お手数をおかけしてすみません。□ 手伝いましょうか？　　　□ お別れの時間です。
□ またお会いできてうれしいです。□ 楽しかったです。　　　　□ 私の言っていることが分かりますか？□ それはよかったです。

Day 18 5語以上のベーシックフレーズ：3

Step 1 チャンツでフレーズを覚える))MP3-52

□137
I've heard so much about you.
おうわさはかねがね伺っています。

あいさつ

人を紹介されたときの表現。直訳の「あなたについてはとてもたくさん聞いています」から上のような意味になる。I've heard a lot about you. とも言う。

□138
I can't thank you enough.
感謝のしようもありません。／お礼の言いようもありません。

感謝

丁寧な感謝の表現。「感謝してもしきれない」といったニュアンス。

□139
I have to ⊕ clean my room.
部屋を片づけなくちゃ。

入れ替え　意思

I have to ～. で「（私は）～しなくちゃ、～しなくては」を表す。I need to ～. も同じように用いる。

□140
I know how you feel.
その気持ち分かります。／お気持ちをお察しします。

応答

相手に同情する際の表現。直訳は「あなたがどう感じているか分かります」。I know the feeling. とも言う。I know exactly how you feel.（その気持ちよく分かります）のように、exactly（正確に）を入れて強調することもある。

continued

本書も残すところあと3日。ここでやめてはモッタイナイ！ 完走を目指して、ラストスパートをかけよう。時間があったら復習も忘れずにね。

Step 2 ダイアログを聞く 》MP3-53　　Step 3 ロールプレイで音読！》MP3-54

A: **This is my friend, Jeff.**
（こちらは友人のジェフです）

B: **Hello, Jeff. I've heard so much about you.**
（こんにちは、ジェフ。おうわさはかねがね伺っています）

A: **I can't thank you enough.**
（感謝のしようもありません）

B: **Don't mention it.**
（どういたしまして）

A: **Why are you leaving so soon?**
（どうしてそんなに早く帰るの？）

B: **I have to ⊕ do my homework.**
（宿題をやらなくちゃ）

A: **I'm tired of his complaints.**
（彼の愚痴にはうんざりだよ）

B: **I know how you feel.**
（その気持ち分かるわ）

continued
▼

Step 1　チャンツでフレーズを覚える 》MP3-52

□ 141
Do you have some time?
今いいですか？／今時間がありますか？

質問

話などにつき合ってもらいたい相手に使う。Do you have the time? のように some を the にすると「今何時ですか？」という意味になるので注意。

□ 142
That's very kind of you.
ご親切にどうも。

感謝

お礼を言う際に使う。Thanks. や Thank you. の後に使えば、こちらの感謝の気持ちが相手にさらによく伝わる。That's very nice of you.、That's very sweet of you. とも言う。

□ 143
I wonder if ⊕ he'll come.
彼は来るかなあ。

入れ替え　意思

I wonder if ～ . で「(私は) ～かなあ (と思う)、～かしら」という疑問の気持ちを表す。「～」の部分には文が入る。

□ 144
It's nice to be here.
お招きいただきありがとうございます。／お招きいただきうれしいです。

あいさつ

招待された家に入る際に使う。It's good to be here. とも言う。招待した側が客を家に迎える際には、It's nice to have you here.、It's good to have you here. (お越しいただきありがとうございます) などと言う。

Day 17 》MP3-49　Quick Review　　　　　　　　　　　答えは右ページ下

☐ I have to go now.　☐ Are you ready for the test?　☐ Are you leaving so soon?　☐ I'd like to talk to you.
☐ I don't feel like it.　☐ What would you like to drink?　☐ Have you been keeping busy?　☐ Can I see you again?

Step 2 ダイアログを聞く 》MP3-53　　**Step 3** ロールプレイで音読！》MP3-54

A: **Do you have some time? I have something to tell you.**
（今いいですか？　お伝えしたいことがあるんです）

B: **Sure. Go ahead.**
（ええ。どうぞ）

A: **Here's a present for you.**
（これ、君へのプレゼントだよ）

B: **Oh, thanks! That's very kind of you.**
（わあ、ありがとう！　ご親切にどうも）

A: **I wonder if ⊕ it'll rain today.**
（今日は雨が降るかなあ）

B: **The forecast said it will.**
（降るって天気予報で言ってたわよ）

A: **Welcome to our house.**
（わが家へようこそ）

B: **It's nice to be here.**
（お招きいただきありがとうございます）

Day 17 》MP3-49　Quick Review　　　　　　　　　　答えは左ページ下

☐ そろそろ帰らなくては。　☐ テストの準備はできているの？　☐ もうお帰りですか？　☐ あなたとお話ししたいのですが。
☐ そういう気分じゃないんです。　☐ お飲み物は何がいいですか？　☐ 忙しくしてた？　☐ また会えますか？

Day 19　5語以上のベーシックフレーズ：4

Step 1　チャンツでフレーズを覚える 》MP3-55

□145
I didn't catch your name.
お名前が聞き取れませんでした。

謝罪

名前を聞き返す際の表現。Sorry.（すみません）など、ひと言謝ってから使おう。I didn't catch the name. とも言う。

□146
You can say that again!
本当にそうだ！／全くその通り！／同感！

応答

相手の発言への強い共感を表す。「繰り返し言っていいほど正しい」というニュアンス。

□147
I'm glad to ⊕ be with you.
ご一緒できてうれしいです。

入れ替え　意思

I'm glad to 〜 . で「〜してうれしい」を表す。

□148
Come in and sit down.
入って掛けて。

あいさつ

人を招き入れる際に使う。カジュアルで気さくな表現。

continued

pp.116-125 には、本書に登場する 29 の「入れ替えフレーズ」の表現バリエーションがあるよ。Day 学習がすべて終わったらチェックしよう。

Step 2 ダイアログを聞く 》MP3-56　　**Step 3** ロールプレイで音読！》MP3-57

A: **Sorry, I didn't catch your name.**
（すみません、お名前が聞き取れませんでした）

B: **I'm Bill, Bill Watson.**
（ビルです、ビル・ワトソンです）

A: **It's so hot today.**
（今日は本当に暑いね）

B: **You can say that again!**
（本当にそうね！）

A: **I'm glad to ⊕ know you.**
（お知り合いになれてうれしいです）

B: **I'm glad to know you, too.**
（こちらこそ、お知り合いになれてうれしいです）

A: **Am I disturbing you?**
（お邪魔じゃない？）

B: **No, not at all. Come in and sit down.**
（いや、全然。入って掛けて）

continued
▼

Step 1 チャンツでフレーズを覚える 》MP3-55

□ 149
Would you like ⊕ some wine?
ワインはいかがですか？

入れ替え / 質問

Would you like ～？は「～はいかがですか？」と相手に何かを勧める際の表現。相手に感想を聞くときに使う How do you like ～？（～はいかがですか？）と混同しないように注意。

□ 150
I don't think we've met.
お会いするのは初めてですね。

あいさつ

自己紹介する際の前置きの表現。この後で I'm ～ .（私は～です）などを使って自己紹介する。直訳は「互いに会ったことはないと思います」。

□ 151
Where will I find you?
どこにいる？／どこで会える？

質問

待ち合わせ場所を決める際のカジュアルな表現。直訳は「私はどこであなたを見つけるだろう？」。

□ 152
Do you mind if I ⊕ smoke?
たばこを吸っても構いませんか？

入れ替え / 質問

Do you mind if I ～？は「～しても構いませんか？」と許可を求める際の丁寧な表現。Would you mind if I ～？はさらに丁寧。直訳は「私が～したら気にしますか？」なので、許可する場合は No（いいえ＝気にしない）を使い、右ページのダイアログのように答える。

Day 18 》MP3-52　Quick Review　　　　　　　　　　　　　　　　答えは右ページ下
- □ I've heard so much about you.
- □ I can't thank you enough.
- □ I have to clean my room.
- □ I know how you feel.
- □ Do you have some time?
- □ That's very kind of you.
- □ I wonder if he'll come.
- □ It's nice to be here.

Step 2 ダイアログを聞く ♪ MP3-56　　Step 3 ロールプレイで音読！♪ MP3-57

A: Would you like ⊕ another beer?
（ビールをもう1杯いかがですか？）

B: Yes, please.
（はい、お願いします）

A: I don't think we've met. I'm Taro Suzuki.
（お会いするのは初めてですね。私はスズキ・タロウです）

B: I'm Linda White. Nice to meet you.
（私はリンダ・ホワイトです。初めまして）

A: Where will I find you?
（どこにいる？）

B: I'll be at the entrance of the restaurant.
（レストランの入り口にいるわ）

A: Do you mind if I ⊕ sit here?
（ここに座っても構いませんか？）

B: No, of course not.
（ええ、もちろん）

Day 18 ♪ MP3-52　Quick Review　　　　　　答えは左ページ下

☐ おうわさはかねがね伺っています。　☐ 部屋を片づけなくちゃ。　☐ 今いいですか？　☐ 彼は来るかなあ。
☐ 感謝のしようもありません。　☐ その気持ち分かります。　☐ ご親切にどうも。　☐ お招きいただきありがとうございます。

Day 20 5語以上のベーシックフレーズ：5

Step 1 チャンツでフレーズを覚える))) MP3-58

□ 153
I must say good night.
もうおやすみを言わないと。

あいさつ

夜に別れる際のあいさつ。I must say goodbye.(もうさよならを言わないと)も覚えておこう。

□ 154
How do you like ⊕ Japan?
日本はいかがですか？

入れ替え　質問

How do you like ～?は「～はいかがですか？」と相手に感想を求める際の表現。相手に何かを勧めるときに使うWould you like ～?(～はいかがですか？)(見出し番号149)と混同しないように注意。

□ 155
I've had enough of this!
こんなのもううんざり！／**こんなのもうたくさん！**

意思

何度も同じ嫌な目に遭って、うんざりしているときに使う。「こんな状況には耐えられない」といったニュアンス。I've had enough of your excuses!(あなたの言い訳にはもううんざり!)のように、thisの部分をほかの言葉に入れ替えて使うこともある。

□ 156
Time to call it a night.
今夜はこのへんで。／**今夜はこれでお開きにしよう。**

意思

夜間に仕事やパーティーなどを終える際の表現。It's time to call it a night.、Let's call it a night. とも言う。類似表現のTime to call it a day.(今日はこのへんで)も覚えておこう。こちらは時間に関係なく使える。

continued
▼

今日で『キクタン英会話【基礎編】』も最後！ ここまで学習を続けてくれて、本当にありがとう！ We're proud of you!

Step 2 ダイアログを聞く))MP3-59   Step 3 ロールプレイで音読！))MP3-60

A: **I must say good night.**
(もうおやすみを言わないと)

B: **Good night. See you tomorrow.**
(おやすみ。じゃあ明日ね)

A: **How do you like ⊕ living here?**
(ここでの生活はいかがですか?)

B: **It's great!**
(素晴らしいです!)

A: **I've had enough of this! I'm quitting!**
(こんなのもううんざり! 辞めてやる!)

B: **Calm down!**
(落ち着けよ!)

A: **It's getting late. Time to call it a night.**
(遅くなってきたわ。今夜はこのへんで)

B: **Yeah, see you Monday.**
(うん、じゃあまた月曜日に)

continued
▼

Step 1 チャンツでフレーズを覚える))) MP3-58

□ 157
That's easy for you to say.
言うのは簡単だけどね。

応答

相手の指示や提案に対する表現。「自分に影響がないからといって無責任なこと言わないで」といったニュアンス。

□ 158
Would you like to ⊕ dance?
踊りませんか？

入れ替え 質問

Would you like to ~ ? は「~しませんか？」と相手を誘う際の表現。応じる場合は I'd love to.（ぜひ）（見出し番号 033）がよく使われる。断る場合は I'd love to, but ~ .（ぜひそうしたいのですが~）、I'm sorry, but ~ .（残念ですが~）を使って理由を伝えよう。

□ 159
When is good for you?
いつがいいですか？

質問

相手の都合のよい時間を聞く際に使う。When is convenient for you? も同義。What time is good for you?（何時がいいですか？）、Where is good for you?（どこがいいですか？）なども覚えておこう。

□ 160
Let me sleep on it.
一晩考えさせて。／少し考えさせて。

応答

即答を避ける際のカジュアルな表現。「よく考えてから明日返事します」といったニュアンス。Let me think about it.（考えさせてください）も同じように使う。

Day 19))) MP3-55 Quick Review　　　　　　　　　　　　　　　答えは右ページ下

- [ ] I didn't catch your name.
- [ ] I'm glad to be with you.
- [ ] Would you like some wine?
- [ ] Where will I find you?
- [ ] You can say that again!
- [ ] Come in and sit down.
- [ ] I don't think we've met.
- [ ] Do you mind if I smoke?

Step 2 ダイアログを聞く 》MP3-59　　Step 3 ロールプレイで音読！》MP3-60

A: **Why don't you talk about it to your boss?**
(その件について上司に話してみたらどう？)

B: **That's easy for you to say.**
(言うのは簡単だけどね)

A: **Would you like to ⊕ go to a movie?**
(映画を見に行きませんか？)

B: **Yes, I'd love to.**
(ええ、ぜひ)

A: **Can we meet tomorrow?**
(明日、会える？)

B: Sure. **When is good for you?**
(ええ。いつがいい？)

A: **I'd like to go out with you.**
(君とデートしたいんだけど)

B: **Let me sleep on it.**
(一晩考えさせて)

Day 19 》MP3-55　Quick Review　　　　　　　　　　　　答えは左ページ下

- □ お名前が聞き取れませんでした。
- □ 本当にそうだ！
- □ ご一緒できてうれしいです。
- □ 入って掛けて。
- □ ワインはいかがですか？
- □ お会いするのは初めてですね。
- □ どこにいる？
- □ たばこを吸っても構いませんか？

Chapter 4 Review

1 □ 124
A: Thanks. I h___ a n____ t____.
(ありがとう。楽しかったよ)

B: Bye. Drive safely.
(じゃあね。運転気をつけて)

2 □ 125
A: C___ I g___ y___ a h____?
(手伝いましょうか？)

B: Thanks, but no thanks.
(ありがとう、でも結構です)

3 □ 126
A: D_ y___ k____ w____ I m____?
(私の言っていることが分かりますか？)

B: Not really.
(あまり)

4 □ 129
A: I h____ t_ g_ n___.
(そろそろ帰らなくちゃ)

B: Oh, do you? It's not that late.
(ええ、本当？ そんなに遅くないよ)

DAY 20» MP3-58 Quick Review 答えは右ページ下

□ I must say good night.   □ I've had enough of this!   □ That's easy for you to say.   □ When is good for you?
□ How do you like Japan?   □ Time to call it a night.   □ Would you like to dance?   □ Let me sleep on it.

5日間学習したフレーズをおさらい。色文字の日本語を参考にして、各ダイアログの空所に当てはまるフレーズを、先頭の文字に続けて書き込もう。今回のフレーズは5語または6語。分からないときは、見出し番号を参照して復習しておこう（解答はp.115下）。

(5) □132
A: W____ w____ y___ l____ t_ d____?
(お飲み物は何がいいですか？)

B: I'd like a wine.
(ワインをください)

(6) □133
A: It's time for me to go home now.
(そろそろ家に帰る時間です)

B: A___ y___ l_____ s_ s____?
(もうお帰りですか？)

(7) □140
A: I'm tired of my routine work.
(単調な仕事に飽きちゃったわ)

B: I k____ h___ y___ f____.
(その気持ち分かるよ)

(8) □141
A: D_ y___ h____ s____ t___?
(今いいですか？)

B: I'm sorry, but I'm busy at the moment.
(申し訳ないけど、ちょうど忙しいところなんです)

DAY 20》 MP3-58 Quick Review　　　　　　　　　答えは左ページ下

□ もうおやすみを言わないと。 □ こんなのもううんざり！ □ 言うのは簡単だけどね。 □ いつがいいですか？
□ 日本はいかがですか？　　　□ 今夜はこのへんで。　　　□ 踊りませんか？　　　　□ 一晩考えさせて。

Chapter 4 Review

9 ☐ 142

A : Here's a little present for you.
(あなたへのちょっとしたプレゼントです)

B : Oh, thanks! T_____ v_____ k____ o_ y___.
(わあ、ありがとう！ ご親切にどうも)

10 ☐ 145

A : I d_____ c_____ y_____ n_____.
(お名前が聞き取れませんでした)

B : I'm Jack, Jack Scott.
(ジャックです、ジャック・スコットです)

11 ☐ 146

A : This cake is so delicious!
(このケーキ、すごくおいしいわ！)

B : Y____ c____ s____ t_____ a_____!
(本当にそうだね！)

12 ☐ 148

A : Can I come in?
(入ってもいい？)

B : Sure. C_____ i__ a___ s__ d____.
(もちろん。入って掛けて)

⑬ ☐ 156

A: It's late. T____ t_ c____ i_ a n_____.
（遅くなったわ。今夜はこのへんで）

B: Yeah, see you tomorrow.
（うん、じゃあ明日）

⑭ ☐ 159

A: Can we meet this Saturday?
（今度の土曜日に会える？）

B: Sure. W_____ i_ g_____ f___ y___?
（ええ。いつがいい？）

⑮ ☐ 160

A: Why don't you join our team?
（僕たちのチームに入らない？）

B: L___ m_ s_____ o_ i_.
（一晩考えさせて）

解答

1. I had a nice time.
2. Can I give you a hand?
3. Do you know what I mean?
4. I have to go now.
5. What would you like to drink?
6. Are you leaving so soon?
7. I know how you feel.
8. Do you have some time?
9. That's very kind of you.
10. I didn't catch your name.
11. You can say that again!
12. Come in and sit down.
13. Time to call it a night.
14. When is good for you?
15. Let me sleep on it.

入れ替え フレーズ バリエーション 87

Day 学習部に登場した 29 の「入れ替えフレーズ」を使って表現力をトリプルアップ！
各フレーズには例文が 3 つあります。見開きごとに例文の音声が収録されています。
＋以下の入れ替え部分を自分なりに入れ替えて、さらに表現力をつけていきましょう。

)) MP3-61

□ 038

How's ＋ your family? （ご家族はお元気？）

❶ **How's ＋ your daughter?** （娘さんはお元気？）
your son なら「息子さんはお元気？」。

❷ **How's ＋ business?** （仕事の調子はどう？）
OK.（うまくいってるよ）が無難な応答。

❸ **How's ＋ school?** （学校はどう？）
ネイティブスピーカーの子どもに使ってみよう！

□ 044

Are you ＋ OK? （大丈夫ですか？）

❶ **Are you ＋ serious?** （本気なの？）
「マジで？」といったニュアンス。親しい間柄なら使っても OK。

❷ **Are you ＋ interested?** （興味ある？）
話題を挙げた後で相手を誘うときの表現。

❸ **Are you ＋ free tonight?** （今晩、暇？）
Are you free this weekend? なら「今週末は暇？」。

□ 047
I'll ⊕ call you. ([あなたに] 電話します)

❶ I'll ⊕ try. (やってみるよ)
「やってはみるけど、うまくいくかどうかは分からない」といったニュアンス。

❷ I'll ⊕ do that. (そうするよ)
助言を受け入れるときなどに使う。

❸ I'll ⊕ be there. ([そこへ] 行くよ)
「待ち合わせ時間などに、そこに行くよ」といったニュアンス。

□ 054
That sounds ⊕ good. ([それは] よさそうだね)

❶ That sounds ⊕ great. (素晴らしいね)
相手の提案や誘いなどに心から同意する際に使う。

❷ That sounds ⊕ easy. (簡単そうだね)
「難しそうだね」は That sounds difficult.。

❸ That sounds ⊕ like a good idea. (いい考えのようですね)
後ろに名詞をつける場合は、like +「名詞」のように like をつける。

□ 059
Don't ⊕ do that. (そんなことしないで)

❶ Don't ⊕ be silly. (ばかなこと言わないで)
相手の発言に対して「そんなことあり得ない」と否定する感じ。

❷ Don't ⊕ rush me. (せかさないで)
I'm sorry to rush you. なら「せかせて申し訳ありません」。

❸ Don't ⊕ waste your time. (時間を無駄にしないで)
「時間の無駄だからやめろ」といったニュアンス。相手の行動に対して使う。

》MP3-62

☐ 070
Let's ⊕ have lunch. (お昼にしよう)

❶ **Let's ⊕ eat.** (食べよう)
「食事の準備ができたよ」といったニュアンス。

❷ **Let's ⊕ get started.** (さあ始めよう)
何かの活動を一緒に始めるときの表現。Let's start. も同じ意味。

❸ **Let's ⊕ get together.** (また集まろう)
別れ際のあいさつ。最後に sometime(いつか)をつけることもある。

☐ 076
That's ⊕ an idea. (それはいい考えだ)

❶ **That's ⊕ funny.** (それは変だね)
「つじつまが合わない」といった感じ。「それは面白いね」という意味でも使う。

❷ **That's ⊕ OK.** (別にいいよ)
相手の謝罪の言葉などに対して使う。

❸ **That's ⊕ enough!** (もう十分だ!)
「もう十分だからやめてくれ!」といったニュアンス。

☐ 083
Can I ⊕ keep this? (これをもらってもいいですか?)

❶ **Can I ⊕ come, too?** (私も行っていいですか?)
どこかへ行く人たちの仲間に入れてもらいたいときに使おう。

❷ **Can I ⊕ ask you a favor?** (お願いしてもいいですか?)
人に頼み事をするときの定番表現。

❸ **Can I ⊕ borrow your umbrella?** (傘を借りてもいいですか?)
Can I borrow your ~ ? で「あなたの~を借りてもいいですか?」。

□ 087
I'd like ⊕ a tea. (紅茶をください)

❶ **I'd like ⊕ a cheeseburger.** (チーズバーガーをください)
飲み物だけでなく、もちろん食べ物にも使える。

❷ **I'd like ⊕ a perm.** (パーマをかけたいのですが)
美容室で I'd like 〜 . を使えば、「〜の髪型にしたいのですが」となる。

❸ **I'd like ⊕ a glass of wine, please.** (グラスワインをください)
最後に please をつけると丁寧さが増す。

□ 092
Would you ⊕ help me? (手伝っていただけますか?)

❶ **Would you ⊕ say that again?** (もう1度言っていただけますか?)
相手の言葉が聞き取れなかったときの表現。

❷ **Would you ⊕ open the door, please?** (ドアを開けていただけますか?)
最後に please をつけると丁寧さが増す。

❸ **Would you ⊕ please?** (そうしていただけますか?)
相手の申し出などに対する応答表現。

□ 095
Let me ⊕ help you. ([あなたを] 手伝わせてください)

❶ **Let me ⊕ explain.** (説明させてください)
弁解するときによく使われる。「ちょっと聞いてください」という感じ。

❷ **Let me ⊕ do it.** (私にさせてください)
何か興味があることや自信のあることをしたいときに使う。

❸ **Let me ⊕ finish.** (最後まで言わせてください)
相手が自分の話を遮った際の表現。「話はまだ終わりじゃないんです」という感じ。

》MP3-63

☐ 099
How was ● your trip? (旅行はどうだった?)

❶ How was ● your day? (今日はどうだった?)
1日の様子を聞く際の表現。何もなければ Good.(よかったよ)と答えれば OK。

❷ How was ● the concert? (コンサートはどうだった?)
あなたが行った「そのコンサート」だから、the をつけるのを忘れずに。

❸ How was ● it? (どうだった?)
お互いにトピックが分かっていれば、この表現で十分。

☐ 103
Thanks for ● your help. (手伝ってくれてありがとう)

❶ Thanks for ● coming. (来てくれてありがとう)
出迎え、別れの両方の場面で使える。

❷ Thanks for ● calling. (電話をくれてありがとう)
電話をくれたことに対する感謝の表現。

❸ Thanks for ● everything. (いろいろとありがとう)
いろいろと世話になった相手への感謝の言葉。

☐ 106
I think ● you're right. (あなたは正しいと思います)

❶ I think ● she'll come. (彼女は来ると思います)
「彼は来ないと思います」は I don't think he'll come.。

❷ I think ● I've caught a cold. (風邪をひいたと思います)
診断されたわけではないけど、「風邪っぽいな」といったニュアンス。

❸ I think ● I've lost my keys. (鍵をなくしたと思います)
これも、はっきりとは分からないけど、そのようだといったニュアンス。

☐ 109
Here's ⊕ my phone number. (これは私の電話番号です)

- **❶ Here's ⊕ my card.** (これは私の名刺です)
  名刺を交換する際の定番表現。

- **❷ Here's ⊕ a picture of my family.** (これは私の家族の写真です)
  携帯電話に入っている写真を見せるときにも使える。

- **❸ Here's ⊕ a little something for you.** (つまらないものですが)
  ちょっとしたプレゼントを手渡す際の定番表現。

☐ 114
How about ⊕ a walk? (散歩しませんか?)

- **❶ How about ⊕ a drink?** (1杯やりませんか?)
  飲みに誘うときの表現。a cup of coffee なら「コーヒーでも飲みませんか?」。

- **❷ How about ⊕ some cake?** (ケーキを食べませんか?)
  数えられない名詞の場合は無冠詞にするか some をつける。

- **❸ How about ⊕ eating out tonight?** (今夜、外食するのはどう?)
  How about の後に動詞を続ける場合は、動名詞(-ing 形)にする。

☐ 116
I'm afraid ⊕ I can't. (残念ながらできないと思います)

- **❶ I'm afraid ⊕ we can't come.** (残念ながら行けないと思います)
  自分を含めた複数の人に対する招待を断る際に使う。自分1人なら I can't come.。

- **❷ I'm afraid ⊕ I'm busy right now.** (残念ながら今は忙しいんです)
  助けを求められたり、話しかけられたりした際の断りの表現。

- **❸ I'm afraid ⊕ I don't understand.** (残念ながら分かりません)
  単に I don't understand. と言うよりも丁寧なニュアンスになる。

》MP3-64

☐ 120
Shall I ● help you? (お手伝いしましょうか？)

- ❶ **Shall I ● give you a ride?** (車で送りましょうか？)
  give ～ a ride で「～を車で送る」。
- ❷ **Shall I ● cook dinner tonight?** (今夜は僕が夕食を作ろうか？)
  「皿を洗おうか？」なら wash the dishes を入れる。
- ❸ **Shall I ● pour it?** (おつぎしましょうか？)
  飲み物を勧める際の表現。

☐ 123
I'm sorry to ● trouble you. (お手数をおかけしてすみません)

- ❶ **I'm sorry to ● call you so late.** (夜分に電話してすみません)
  夜に電話した際のおわびの表現。
- ❷ **I'm sorry to ● interrupt.** (お邪魔してすみません)
  話し中や仕事中などの人に話しかけるときに使う。
- ❸ **I'm sorry to ● disappoint you.** (がっかりさせてすみません)
  相手の期待に沿えないことを伝える際の表現。

☐ 127
It's time to ● say goodbye. (お別れの時間です)

- ❶ **It's time to ● go now.** (そろそろ出かける時間です)
  time の後に for me、for you などを入れて「誰が」を表すこともできる。
- ❷ **It's time to ● go to bed.** (寝る時間だよ)
  「起きる時間だよ」は It's time to get up.。
- ❸ **It's time to ● stop talking.** (おしゃべりをやめる時間です)
  「おしゃべりはやめて、すべきことにとりかかりなさい」といったニュアンス。

☐ 131
Are you ready for ● the test? (テストの準備はできているの?)

❶ **Are you ready for ● the trip?** (旅行の準備はできているの?)
あなたが行く「その旅行」なので、the をつけることを忘れずに。

❷ **Are you ready for ● Christmas?** (クリスマスの準備はできていますか?)
「プレゼントの購入や飾りつけなどは済んでいますか?」ということ。

❸ **Are you ready for ● this?** ([心の]準備はいいかい?)
重大ニュースを伝える際の前置きの表現。「聞いて驚くな」といった感じ。

☐ 135
I'd like to ● talk to you. (あなたとお話ししたいのですが)

❶ **I'd like to ● speak to Mr. Brown.** (ブラウンさんとお話ししたいのですが)
電話で人を呼び出す際の表現。最後に please をつけると丁寧さが増す。

❷ **I'd like to ● ask you out.** (君をデートに誘いたいんだけど)
ask ~ out で「~をデートに誘う」。

❸ **I'd like to ● stay longer.** (もっと長くいたいのですが)
いとまごいをする際の表現。

☐ 139
I have to ● clean my room. (部屋を片づけなくちゃ)

❶ **I have to ● cook dinner.** (夕飯を作らなくちゃ)
dinner に対し supper は普通、「(軽い)夕食」を指す。

❷ **I have to ● do the laundry.** (洗濯をしなくちゃ)
do the laundry で「洗濯をする」。do the washing とも言う。

❸ **I have to ● get up early tomorrow.** (明日は早起きしなくちゃ)
飲み会などから早く抜け出したいときにも使える。

))) MP3-65

□ 143

I wonder if ⊕ he'll come. (彼は来るかなあ)

❶ **I wonder if ⊕ she's home.** (彼女は家にいるかなあ)
if を抜かさないように注意。

❷ **I wonder if ⊕ he likes me.** (彼は私のことが好きかしら)
like は「好感を持っている」というニュアンス。love は「〜を愛している」。

❸ **I wonder if ⊕ I can do it myself.** (自分でそれができるかなあ)
myself は「自分で」。by myself のように by をつけることもある。

□ 147

I'm glad to ⊕ be with you. (ご一緒できてうれしいです)

❶ **I'm glad to ⊕ work with you.** (一緒に働けてうれしいです)
初対面の同僚に対して使えば「よろしく」というニュアンスになる。

❷ **I'm glad to ⊕ have you here.** (お越しいただけてうれしいです)
客を迎える際の表現。

❸ **I'm glad to ⊕ be of help.** (お役に立ててうれしいです)
be of help で「役に立つ」。I'm glad to be of service. も同じ意味。

□ 149

Would you like ⊕ some wine? (ワインはいかがですか？)

❶ **Would you like ⊕ another cup?** (もう1杯いかがですか？)
コーヒーや紅茶などカップの飲み物に使う。グラスの場合は another glass を使う。

❷ **Would you like ⊕ a bite?** (一口いかがですか？)
食べ物を勧める際の表現。飲み物の場合は a sip を使う。

❸ **Would you like ⊕ anything else?** (ほかにもいかがですか？)
ウエーターが使うと「ほかにご注文はありませんか？」という意味になる。

□ 152
Do you mind if I ● smoke? (たばこを吸っても構いませんか？)

❶ **Do you mind if I ● join you?** (ご一緒しても構いませんか？)
仲間の輪に入りたいときに使う。

❷ **Do you mind if I ● turn on the TV?** (テレビをつけても構いませんか？)
「テレビを消す」は turn off the TV。

❸ **Do you mind if I ● come late?** (遅れても構いませんか？)
集合時間や開始時間などに遅れる際に使う。

□ 154
How do you like ● Japan? (日本はいかがですか？)

❶ **How do you like ● your new job?** (新しい仕事はいかがですか？)
転職した人に対して使う。

❷ **How do you like ● my haircut?** (私の髪型はどう？)
I like it! (いいね！) などと言って褒めてあげよう。

❸ **How do you like ● it?** (どう？)
お互いにトピックが分かっていれば、この表現で十分。

□ 158
Would you like to ● dance? (踊りませんか？)

❶ **Would you like to ● take a walk?** (散歩しませんか？)
take a walk で「散歩する」。go for a walk とも言う。

❷ **Would you like to ● come with us?** (一緒に来ませんか？)
仲間に誘う際の表現。

❸ **Would you like to ● sit down?** (座りませんか？)
「お掛けください」といったニュアンス。

機能別フレーズ 160 リスト

Day 学習部に登場した 160 のフレーズを機能別にリストアップ！
状況ごとのフレーズの使われ方を復習しておきましょう。

あいさつ

☐ 005

Welcome! ようこそ！

A：Welcome! Please come in.（ようこそ！ どうぞお上がりください）
B：Thank you.（ありがとうございます）

☐ 011

See you. じゃあね。

A：I have to go now. See you.（もう行かなくちゃ。じゃあね）
B：See you soon.（また近いうちにね）

☐ 027

What's new? 変わりない？

A：Hi! What's new?（やあ！ 変わりない？）
B：Nothing special. How about you?（特に何も。あなたは？）

☐ 035

I missed you.（あなたがいなくて）寂しかったです。

A：I missed you.（寂しかったよ）
B：I missed you, too.（私も寂しかったわ）

☐ 042
How are you? 元気?
A: **Hi, how are you?** (やあ、元気?)
B: **Not bad. How about you?** (なかなかいいわ。あなたは?)

☐ 045
Remember to write. 手紙書いてね。
A: **Have a good journey! Remember to write.** (旅を楽しんでね! 手紙書いてね)
B: **I will.** (そうするよ)

☐ 048
Take it easy. 気をつけてね。
A: **See you.** (じゃあね)
B: **See you tomorrow. Take it easy.** (じゃあ明日ね。気をつけてね)

☐ 052
Keep in touch. 連絡してね。
A: **Goodbye. Keep in touch.** (さようなら。連絡してね)
B: **Of course, I will.** (もちろん、そうするよ)

☐ 053
Get well soon. 早くよくなってね。
A: **I'm sorry you're sick. Get well soon.** (体調が悪いようで残念だよ。早くよくなってね)
B: **Thanks. I will.** (ありがとう。そうするわ)

☐ 081
How do you do? 初めまして。
A: **Hello. How do you do?** (こんにちは。初めまして)
B: **How do you do?** (初めまして)

あいさつ

□ 084

Long time no see. お久しぶり。

A: **Hi! Long time no see.** (やあ！ お久しぶり)
B: **Nice to see you again. How have you been?** (また会えてうれしいわ。元気にしてた？)

□ 086

How have you been? 元気だった？

A: **Hi! How have you been?** (やあ！ 元気だった？)
B: **Great! How about you?** (元気よ！ あなたは？)

□ 091

Nice to meet you. お会いできてうれしいです。

A: **I'm Jane. Nice to meet you.** (私はジェインです。お会いできてうれしいです)
B: **Nice to meet you, too.** (こちらこそ、お会いできてうれしいです)

□ 094

Don't work too hard. 無理しないでね。

A: **See you soon. Don't work too hard.** (また近いうちにね。無理しないでね)
B: **I won't.** (そうだね)

□ 102

What do you do? お仕事は何ですか？

A: **Nice to meet you. What do you do?** (お会いできてうれしいです。お仕事は何ですか？)
B: **I'm a software engineer.** (ソフトウエアエンジニアです)

□ 108

Have a nice day. よい1日を。

A: **Bye. Have a nice day.** (じゃあね。よい1日を)
B: **You too.** (あなたもね)

☐ 115
Where are you from? 出身はどちらですか？
A: Where are you from?（出身はどちらですか？）
B: I'm from Newcastle, Australia.（オーストラリアのニューキャッスル出身です）

☐ 119
Nice talking to you. お話しできてよかったです。
A: Nice talking to you. See you soon.（お話しできてよかったです。近いうちに会いましょう）
B: Yeah. See you.（ええ。では）

☐ 122
Nice to see you again. またお会いできてうれしいです。
A: Remember me? We met last month.（私のこと覚えてます？ 先月お会いしました）
B: Oh! Nice to see you again.（ああ！ またお会いできてうれしいです）

☐ 124
I had a nice time. 楽しかったです。
A: Thank you. I had a nice time.（ありがとうございます。楽しかったです）
B: Do come again.（またぜひお越しください）

☐ 133
Are you leaving so soon? もうお帰りですか？
A: I have to move along.（そろそろ帰らなくては）
B: Oh, are you leaving so soon?（あら、もうお帰りですか？）

☐ 134
Have you been keeping busy? 忙しくしてた？
A: Have you been keeping busy?（忙しくしてた？）
B: No, not really.（いや、それほどでも）

あいさつ

☐ 136
Can I see you again? また会えますか？
A: It was a wonderful night. Can I see you again?（素晴らしい夜だったよ。また会える？）
B: Sure. I'll e-mail you.（ええ。メールするわね）

☐ 137
I've heard so much about you. おうわさはかねがね伺っています。
A: This is my friend, Jeff.（こちらは友人のジェフです）
B: Hello, Jeff. I've heard so much about you.（こんにちは、ジェフ。おうわさはかねがね伺っています）

☐ 144
It's nice to be here. お招きいただきありがとうございます。
A: Welcome to our house.（わが家へようこそ）
B: It's nice to be here.（お招きいただきありがとうございます）

☐ 148
Come in and sit down. 入って掛けて。
A: Am I disturbing you?（お邪魔じゃない？）
B: No, not at all. Come in and sit down.（いや、全然。入って掛けて）

☐ 150
I don't think we've met. お会いするのは初めてですね。
A: I don't think we've met. I'm Taro Suzuki.（お会いするのは初めてですね。私はスズキ・タロウです）
B: I'm Linda White. Nice to meet you.（私はリンダ・ホワイトです。初めまして）

☐ 153
I must say good night. もうおやすみを言わないと。
A: I must say good night.（もうおやすみを言わないと）
B: Good night. See you tomorrow.（おやすみ。じゃあ明日ね）

応答

☐ 001
Sure. もちろん。
A: **Can I borrow your pen?**（ペンを借りてもいい？）
B: **Sure.**（もちろん）

☐ 002
Perhaps. たぶんね。
A: **Is Tom coming to the party?**（トムはパーティーに来るの？）
B: **Perhaps.**（たぶんね）

☐ 003
Really? 本当に？
A: **I'm moving to Osaka next month.**（来月、大阪に引っ越すんだ）
B: **Oh, really?**（えっ、本当に？）

☐ 004
Great! よかったね！
A: **I found a new job!**（新しい仕事が見つかったの！）
B: **Great! When do you start?**（よかったね！ いつから始めるの？）

☐ 007
Nothing. （特に）何も。
A: **What did you say?**（何か言った？）
B: **Nothing.**（何も）

☐ 008
Almost. ほとんどね。
A: **Have you finished reading that book?**（その本、読み終わった？）
B: **Almost.**（ほとんどね）

応答

☐ 009
After you. お先にどうぞ。
A: Do you need the copier?（コピー機を使いますか？）
B: After you.（お先にどうぞ）

☐ 010
Me too. 私も（です）。
A: Oh, I'm so tired!（ああ、本当に疲れた！）
B: Me too.（私も）

☐ 012
Good job! よくやったね！
A: I got a perfect score on my math test!（数学のテストで満点を取ったんだよ！）
B: Good job! Congratulations!（よくやったね！ おめでとう！）

☐ 014
Yes, please. はい、お願いします。
A: Would you like some more coffee?（コーヒーをもう少しいかがですか？）
B: Yes, please.（はい、お願いします）

☐ 015
Never mind. 気にしないで。
A: Sorry, I lost your book.（ごめんね、君の本をなくしちゃったんだ）
B: Never mind.（気にしないで）

☐ 017
All right. いいよ。
A: Can you open the window?（窓を開けてくれる？）
B: Oh, all right.（ああ、いいよ）

☐ 020
No, thanks. いいえ、結構です。
A : Can I give you a hand?（手伝いましょうか？）
B : No, thanks.（いいえ、結構です）

☐ 025
Not bad. なかなかいいよ。
A : How's your new job?（新しい仕事はどう？）
B : Not bad.（なかなかいいよ）

☐ 026
Don't worry. 心配しないで。
A : I have a job interview tomorrow. I'm so nervous.（明日、就職の面接なの。すごく緊張するわ）
B : Don't worry. Everything will be fine.（心配しないで。すべてうまくいくよ）

☐ 028
You too. あなたもね。
A : See you. Have a nice weekend!（じゃあね。よい週末を！）
B : You too.（あなたもね）

☐ 029
Kind of. まあね。
A : Did you enjoy the concert?（コンサートは楽しかった？）
B : Yeah, kind of.（うん、まあね）

☐ 030
You're welcome. どういたしまして。
A : Thank you for your advice.（アドバイスしていただきありがとうございます）
B : You're welcome.（どういたしまして）

応答

□ 032
Why not? いいよ。
A: Let's eat out tonight.（今夜は外食しよう）
B: Why not?（いいよ）

□ 033
I'd love to. ぜひ（そうしたいです）。
A: Would you like to go with us?（僕たちと一緒に行かない？）
B: I'd love to.（ぜひ）

□ 034
Here you are. はいどうぞ。
A: Can you pass me the salt, please?（お塩を取ってくれる？）
B: Here you are.（はいどうぞ）

□ 036
I don't know. そうだなあ。
A: What time will we be leaving tomorrow?（明日は何時に出発するの？）
B: I don't know. Maybe around eight.（そうだなあ。8時ごろかな）

□ 037
What is it? 何ですか？
A: I have something to tell you.（話したいことがあるんだけど）
B: What is it?（何ですか？）

□ 039
That's too bad. お気の毒に。
A: My dog died yesterday.（うちの犬が昨日、死んだの）
B: That's too bad. I know how you feel.（お気の毒に。その気持ち分かるよ）

□ 041
I think so. そう思います。
A : Is it going to rain today?（今日は雨が降るの？）
B : I think so.（そう思うよ）

□ 043
I love it! 最高！
A : What do you think of this song?（この歌どう思う？）
B : I love it!（最高！）

□ 049
I'm not sure. よく分かりません。
A : What time does the concert start?（そのコンサートは何時に始まるの？）
B : I'm not sure.（よく分からないわ）

□ 050
Not a chance! 絶対無理！
A : Will we get there on time?（時間通りにそこに着くかな？）
B : Not a chance!（絶対無理！）

□ 051
I'm afraid so. 残念ながらそうです。
A : Do we have to go now?（僕たちもう帰らないといけないかな？）
B : I'm afraid so.（残念ながらそうね）

□ 054
That sounds ⊕ good. （それは）よさそうだね。
A : We're having a party this weekend.（今週末にパーティーをするの）
B : That sounds ⊕ fun.（楽しそうだね）

応答

□ 055
I hope so. そうだといいですね。
A: Will it be sunny tomorrow?（明日は晴れるのかな？）
B: I hope so.（そうだといいわね）

□ 057
I'm with you. 同感です。
A: I think we should cut costs.（経費を削減するべきだと思うの）
B: I'm with you.（同感だよ）

□ 062
Are you sure? 本当に？
A: I'm going to quit this job.（この仕事、辞めるつもりなんだ）
B: Are you sure?（本当に？）

□ 064
Is that so? そうなの？
A: Taro is moving to Sapporo.（タロウが札幌に引っ越すんだ）
B: Is that so? When?（そうなの？ いつ？）

□ 065
It doesn't matter. どうってことないよ。
A: Sorry, I forgot to bring your CD.（ごめんなさい、あなたのCDを持ってくるの忘れちゃった）
B: It doesn't matter.（どうってことないよ）

□ 067
Good for you! よかったね！
A: I passed my driving test!（運転免許試験に合格したの！）
B: Good for you!（よかったね！）

□ 068
So do I. 私も（です）。
A: I have two brothers.（僕は兄弟が 2 人いるんだ）
B: So do I.（私も）

□ 076
That's ⊕ an idea. それはいい考えだ。
入れ替え
A: I lost my favorite watch.（お気に入りの腕時計をなくしちゃったの）
B: That's ⊕ a pity.（それは残念だね）

□ 080
You got it! その通り！
A: The meeting's at 3, right?（会議は 3 時よね？）
B: You got it!（その通り！）

□ 085
I'd be glad to. 喜んで。
A: Would you help me move this desk?（このデスクを動かすのを手伝ってくれますか？）
B: I'd be glad to.（喜んで）

□ 090
It's up to you. 君に任せるよ。
A: What do you want for lunch?（お昼に何が食べたい？）
B: It's up to you.（君に任せるよ）

□ 096
That's news to me. それは初耳です。
A: The library will be closed all next week.（図書館は来週いっぱい閉館よ）
B: Really? That's news to me.（本当に？ それは初耳だよ）

応答

☐ 097
Maybe some other time. また別の機会にでも。
A: Would you like to have dinner with me tonight?（今夜、一緒に夕食でもどう？）
B: Sorry, I can't. Maybe some other time.（ごめんなさい、行けないわ。また別の機会にでも）

☐ 104
I'll be right there. すぐ行きます。
A: Dinner is ready.（夕食ができたわよ）
B: I'll be right there.（すぐ行くよ）

☐ 105
So far so good. 今のところ順調だよ。
A: How's your new job going?（新しい仕事の調子はどう？）
B: So far so good. Thanks for asking.（今のところ順調だよ。お気遣いありがとう）

☐ 111
That's fine with me. それで構わないよ。
A: Can we meet at Shinjuku at 6?（新宿に6時に待ち合わせでいい？）
B: That's fine with me.（それで構わないよ）

☐ 117
I can't help it. どうしようもない。
A: Can't you stop that coughing?（そのせき止められないの？）
B: I can't help it. I have a cold.（どうしようもないよ。風邪をひいてるんだから）

☐ 130
I don't feel like it. そういう気分じゃないんです。
A: Why don't we go out somewhere tonight?（今晩、どこかへ出かけない？）
B: Well . . . I don't feel like it.（うーん…そういう気分じゃないの）

☐ 140
I know how you feel. その気持ち分かります。
A: I'm tired of his complaints. （彼の愚痴にはうんざりだよ）
B: I know how you feel. （その気持ち分かるわ）

☐ 146
You can say that again! 本当にそうだ！
A: It's so hot today. （今日は本当に暑いね）
B: You can say that again! （本当にそうね！）

☐ 157
That's easy for you to say. 言うのは簡単だけどね。
A: Why don't you talk about it to your boss? （その件について上司に話してみたらどう？）
B: That's easy for you to say. （言うのは簡単だけどね）

☐ 160
Let me sleep on it. 一晩考えさせて。
A: I'd like to go out with you. （君とデートしたいんだけど）
B: Let me sleep on it. （一晩考えさせて）

質問

☐ 013
Got it? 分かった？
A: You have to be back home by 7. Got it? （7時までには家に戻ってね。分かった？）
B: OK, I will. （うん、そうするよ）

☐ 016
What for? 何のために？
A: I want a new smartphone. （新しいスマートフォンが欲しいの）
B: What for? （何のために？）

質問

□ 023
What happened? 何があったの？
A : What happened? You look so happy.（何があったの？ とてもうれしそうだけど）
B : Yeah, I got promoted.（うん、昇進したんだ）

□ 038
How's ⊕ your family? ご家族はお元気？
入れ替え
A : How's ⊕ your wife?（奥さんはお元気？）
B : She's doing all right. Thanks.（彼女は元気にやっているよ。ありがとう）

□ 044
Are you ⊕ OK? 大丈夫ですか？
入れ替え
A : Are you ⊕ busy? I'd like to talk to you.（忙しいですか？ あなたとお話ししたいのですが）
B : Sure. Go ahead.（もちろん。どうぞ）

□ 056
Is everything OK? （何も）問題はない？
A : Is everything OK?（問題はない？）
B : Sure. It's fine.（もちろん。順調よ）

□ 058
What's going on? 何事なの？
A : Hey, what's going on?（あれ、何事なの？）
B : I spilled my coffee over the carpet.（カーペットにコーヒーをこぼしちゃったの）

□ 061
You know what? ねえ知ってる？
A : You know what?（ねえ知ってる？）
B : What? Tell me.（何？ 教えて）

☐ 069
What'll you have? 何飲む？
A：What'll you have?（何飲む？）
B：Let's see . . . I'll have a cola.（そうね…コーラにするわ）

☐ 072
Are you in? 仲間に入る？
A：We're going to a movie tonight. Are you in?（みんなで今夜、映画に行くんだ。仲間に入る？）
B：Sure! I'm in!（もちろん！　私も行く！）

☐ 074
What's the matter? どうしたの？
A：What's the matter? You don't look well.（どうしたの？　調子が悪そうだけど）
B：I think I caught a cold.（風邪をひいたみたいなんだ）

☐ 077
How about you? あなたは（どう）？
A：I'm so hungry! How about you?（すごくおなかが減ったわ！　あなたは？）
B：Me too.（僕もだよ）

☐ 082
What do you mean? どういう意味？
A：I want to quit the company.（会社を辞めたいんだよ）
B：What do you mean? Do you want a new job?（どういう意味？　新しい仕事をしたいの？）

☐ 083
Can I ⊕ keep this? これをもらってもいいですか？

入れ替え

A：Can I ⊕ say something?（発言してもいいですか？）
B：Sure. Go ahead.（ええ。どうぞ）

質問

□ 089
Are you feeling OK? (気分は) 大丈夫？
A: Are you feeling OK? You look pale. (大丈夫？ 顔色が悪いよ)
B: I have a slight fever. (少し熱があるの)

□ 098
Can I join you? 一緒してもいい？
A: Can I join you? (一緒してもいい？)
B: Sure! Have a seat. (もちろん！ 座りなよ)

□ 099
How was ⊕ your trip? 旅行はどうだった？
入れ替え
A: How was ⊕ the movie? (映画はどうだった？)
B: Pretty good, I think. (なかなかよかったと思うよ)

□ 101
Are you all set? 準備はできた？
A: It's time to go. Are you all set? (もう出かける時間だよ。準備はできた？)
B: Sure. Let's go. (いいわよ。出かけましょう)

□ 110
What do you think? どう思いますか？
A: I like this car! What do you think? (この車、気に入ったよ！ どう思う？)
B: I think it's a little too big for us. (私たちにはちょっと大きすぎるんじゃないかしら)

□ 112
When do we eat? ごはんはいつ？
A: Smells good! When do we eat? (いいにおい！ ごはんはいつ？)
B: In half an hour or so. (30分後ぐらいよ)

☐ 125
Can I give you a hand? 手伝いましょうか？
A: Can I give you a hand?（手伝いましょうか？）
B: Thanks very much.（どうもありがとう）

☐ 126
Do you know what I mean? 私の言っていることが分かりますか？
A: Do you know what I mean?（私の言っていることが分かりますか？）
B: Sorry, not exactly.（すみません、あまり正確には）

☐ 131
Are you ready for ⊕ the test? テストの準備はできているの？ 入れ替え
A: Are you ready for ⊕ your wedding?（結婚式の準備はできてるの？）
B: Yeah, almost.（うん、ほとんどね）

☐ 132
What would you like to drink? お飲み物は何がいいですか？
A: What would you like to drink?（お飲み物は何がいいですか？）
B: Do you have any beer?（ビールはありますか？）

☐ 141
Do you have some time? 今いいですか？
A: Do you have some time? I have something to tell you.（今いいですか？ お伝えしたいことがあるんです）
B: Sure. Go ahead.（ええ。どうぞ）

☐ 149
Would you like ⊕ some wine? ワインはいかがですか？ 入れ替え
A: Would you like ⊕ another beer?（ビールをもう1杯いかがですか？）
B: Yes, please.（はい、お願いします）

質問

☐ 151
Where will I find you? どこにいる?
A: Where will I find you? (どこにいる?)
B: I'll be at the entrance of the restaurant. (レストランの入り口にいるわ)

☐ 152
Do you mind if I ⊕ smoke? たばこを吸っても構いませんか?
入れ替え
A: Do you mind if I ⊕ sit here? (ここに座っても構いませんか?)
B: No, of course not. (ええ、もちろん)

☐ 154
How do you like ⊕ Japan? 日本はいかがですか?
入れ替え
A: How do you like ⊕ living here? (ここでの生活はいかがですか?)
B: It's great! (素晴らしいです!)

☐ 158
Would you like to ⊕ dance? 踊りませんか?
入れ替え
A: Would you like to ⊕ go to a movie? (映画を見に行きませんか?)
B: Yes, I'd love to. (ええ、ぜひ)

☐ 159
When is good for you? いつがいいですか?
A: Can we meet tomorrow? (明日、会える?)
B: Sure. When is good for you? (ええ。いつがいい?)

意思

☐ 040
It's on me. 僕がおごるよ。
A: Put your money back. It's on me. (お金はしまっておいて。僕がおごるよ)
B: Thanks. I'll pay next time. (ありがとう。次は私が払うわね)

□ 047
I'll ⊕ call you. （あなたに）電話します。
A: The phone is ringing!（電話が鳴っているよ！）
B: I'll ⊕ get it.（私が出るわ）

□ 078
I'm not kidding! うそじゃないよ！
A: I can't believe that.（そんな話、信じられないわ）
B: It's true! I'm not kidding!（本当だよ！ うそじゃないよ！）

□ 087
I'd like ⊕ a tea. 紅茶をください。
A: What would you like to drink?（お飲み物は何がいいですか？）
B: I'd like ⊕ a coffee.（コーヒーをください）

□ 095
Let me ⊕ help you. （あなたを）手伝わせてください。
A: Let me ⊕ introduce Cathy.（キャシーを紹介させてください）
B: Hi, Cathy. Nice to meet you.（こんにちは、キャシー。お会いできてうれしいです）

□ 100
Leave it to me. 私に任せてください。
A: Can you finish the report by Friday?（その報告書を金曜日までに仕上げてくれますか？）
B: Sure. Leave it to me.（ええ。私に任せてください）

□ 106
I think ⊕ you're right. あなたは正しいと思います。
A: Can you believe what he said?（彼の言ったこと、信じられる？）
B: I think ⊕ it's true.（本当だと思うよ）

意思

□ 113
I'll be back soon. すぐ戻ります。
A: Stay here. I'll be back soon. （ここにいて。すぐ戻るよ）
B: Where are you going? （どこに行くの？）

□ 116
I'm afraid ⊕ I can't. 残念ながらできないと思います。
入れ替え
A: Why didn't he come to the party? （何で彼はパーティーに来なかったの？）
B: I'm afraid ⊕ he's ill. （残念ながら彼は具合が悪いんだと思うよ）

□ 127
It's time to ⊕ say goodbye. お別れの時間です。
入れ替え
A: It's time to ⊕ take a break. （ひと休みする時間だね）
B: Yeah, we've been driving for almost two hours. （ええ、2時間近く運転しているものね）

□ 128
I'm glad to hear that. それはよかったです。
A: The book you lent me is very interesting. （君が貸してくれた本、とても面白いよ）
B: Really? I'm glad to hear that. （本当？ それはよかったわ）

□ 129
I have to go now. そろそろ帰らなくては。
A: It's late. I have to go now. （遅くなっちゃったわ。そろそろ帰らなくちゃ）
B: OK, see you soon. （そうだね、また近いうちにね）

□ 135
I'd like to ⊕ talk to you. あなたとお話ししたいのですが。
入れ替え
A: I'd like to ⊕ ask you a question. （あなたに質問したいのですが）
B: Sure. What would you like to know? （どうぞ。何が知りたいのですか？）

☐ 139
I have to ⊕ clean my room. 部屋を片づけなくちゃ。
入れ替え

A : Why are you leaving so soon? (どうしてそんなに早く帰るの?)
B : I have to ⊕ do my homework. (宿題をやらなくちゃ)

☐ 143
I wonder if ⊕ he'll come. 彼は来るかなあ。
入れ替え

A : I wonder if ⊕ it'll rain today. (今日は雨が降るかなあ)
B : The forecast said it will. (降るって天気予報で言ってたわよ)

☐ 147
I'm glad to ⊕ be with you. ご一緒できてうれしいです。
入れ替え

A : I'm glad to ⊕ know you. (お知り合いになれてうれしいです)
B : I'm glad to know you, too. (こちらこそ、お知り合いになれてうれしいです)

☐ 155
I've had enough of this! こんなのもううんざり!

A : I've had enough of this! I'm quitting!(こんなのもううんざり! 辞めてやる!)
B : Calm down! (落ち着けよ!)

☐ 156
Time to call it a night. 今夜はこのへんで。

A : It's getting late. Time to call it a night. (遅くなってきたわ。今夜はこのへんで)
B : Yeah, see you Monday. (うん、じゃあまた月曜日に)

指示

☐ 019
Hold on! ちょっと待って!

A : Hold on! I want to talk to you. (ちょっと待って! 君と話がしたいんだ)
B : What? (何?)

指示

☐ 021

Be careful. 気をつけて。

A: Be careful. The paint is still wet. (気をつけて。ペンキがまだ乾いていないから)
B: OK. (うん)

☐ 022

Help yourself. ご自由にお取りください。

A: Can I have one of the cookies? (クッキーを1つ食べてもいいですか?)
B: Sure. Help yourself. (もちろん。ご自由にお取りください)

☐ 059

Don't ⊕ do that. そんなことしないで。

入れ替え

A: I'm afraid I won't finish this in time. (これを時間内に終えられないと思うの)
B: Don't ⊕ give up. You can do it. (あきらめないで。君ならできるよ)

☐ 063

Here we are. さあ着いたよ。

A: Here we are. (さあ着いたよ)
B: Looks like a nice hotel, doesn't it? (すてきなホテルなようね)

☐ 073

Take your time. ゆっくりやっていいよ。

A: There's no hurry. Take your time. (急ぐことはないよ。ゆっくりやっていいよ)
B: Thanks, I will. (ありがとう、そうするわ)

☐ 075

Make it fast. 早くしてね。

A: Can I stop by the convenience store? (コンビニに寄ってもいい?)
B: Sure. But, make it fast. (いいよ。でも、早くしてね)

□ 079
Watch your step. 足元に気をつけて。
A: Watch your step. The stairs are steep. (足元に気をつけて。階段が急だから)
B: OK. (うん)

□ 088
Give it a try. (試しに) やってごらん。
A: I've never done scuba diving. (スキューバダイビングはしたことがないの)
B: Come on! Give it a try. (大丈夫！ やってごらん)

□ 093
It's about that time. そろそろ時間だよ。
A: Are you ready? It's about that time. (準備はできた？ そろそろ時間だよ)
B: OK, let's go. (ええ、出かけましょう)

□ 109
Here's ⊕ my phone number. これは私の電話番号です。 入れ替え
A: Here's ⊕ your birthday present. (これは君の誕生日プレゼントだよ)
B: Oh, how nice of you! (まあ、あなたってなんて優しいの！)

□ 118
Make yourself at home. 楽にしてください。
A: Please come in. Make yourself at home. (どうぞお上がりください。楽にしてください)
B: Thank you. Nice to be here. (ありがとうございます。お招きいただきうれしいです)

謝罪

□ 018
I'm sorry. ごめんなさい。
A: I'm sorry. I was wrong. (ごめんなさい。私が間違っていました)
B: It's OK. Never mind. (いいんですよ。気にしないでください)

謝罪

☐ 031
Excuse me. すみません。
A: Excuse me. Can I talk to you for a minute?（すみません。ちょっとお話ししてもいいですか？）
B: Sure. What is it?（ええ。何ですか？）

☐ 123
I'm sorry to ➕ trouble you. お手数をおかけしてすみません。
入れ替え
A: I'm sorry to ➕ keep you waiting.（お待たせしてすみません）
B: It's OK. I have plenty of time.（いいんです。時間はたっぷりありますから）

☐ 145
I didn't catch your name. お名前が聞き取れませんでした。
A: Sorry, I didn't catch your name.（すみません、お名前が聞き取れませんでした）
B: I'm Bill, Bill Watson.（ビルです、ビル・ワトソンです）

提案

☐ 070
Let's ➕ have lunch. お昼にしよう。
入れ替え
A: Let's ➕ play cards.（トランプをしよう）
B: That sounds good.（それがいいわ）

☐ 107
Let's do this again. またやろうね。
A: I had a really good day today.（今日は本当に楽しい1日だったわ）
B: Yes. Let's do this again.（そうだね。またやろうね）

☐ 114
How about ➕ a walk? 散歩しませんか？
入れ替え
A: How about ➕ a break? I'm getting tired.（休憩しない？ 疲れてきたよ）
B: OK. Take five.（いいわよ。5分間休みましょう）

☐ 120

Shall I ⊕ help you? お手伝いしましょうか？

A : **Shall I ⊕ bring drinks?**（飲み物を持って行きましょうか？）
B : **Yes. That would be lovely.**（ええ。それはありがたいわ）

入れ替え

励まし

☐ 006

Enjoy!（出かける人に）楽しんできてね！

A : **We're going skiing.**（私たち、スキーに行くところなの）
B : **Sounds great! Enjoy!**（それはいいね！ 楽しんできてね！）

☐ 046

Go for it! 頑張ってね！

A : **My dream is to be a doctor.**（僕の夢は医者になることなんだ）
B : **Go for it!**（頑張ってね！）

☐ 071

Keep in there! 頑張れ！

A : **You can do it! Keep in there!**（君ならできるよ！ 頑張れ！）
B : **I'm doing my best!**（全力でやってるわよ！）

☐ 121

Everything will be all right. すべてうまくいくよ。

A : **Don't worry. Everything will be all right.**（心配しないで。すべてうまくいくよ）
B : **Now I feel a lot better.**（ずいぶん気が楽になったわ）

驚き

☐ 024

No kidding! まさか！

A : **David and Jenny are getting married!**（デイビッドとジェニーが結婚するの！）
B : **No kidding! That's great!**（まさか！ それはよかったね！）

驚き

☐ 060
This is it! これだ！
A: What do you have there?（何を持っているの？）
B: This is it! This is the book I've been looking for.（これだ！ これが僕の探していた本だよ）

☐ 066
How time flies! 時がたつのが早いこと！
A: It's almost 10. How time flies!（もうすぐ10時だよ。時がたつのが早いこと！）
B: Yeah, we have to go now.（そうね、そろそろ帰らなくちゃ）

感謝

☐ 103
Thanks for ➕ your help. 手伝ってくれてありがとう。
入れ替え
A: Thanks for ➕ the ride.（車に乗せてくれてありがとう）
B: No problem. Anytime.（どういたしまして。いつだっていいよ）

☐ 138
I can't thank you enough. 感謝のしようもありません。
A: I can't thank you enough.（感謝のしようもありません）
B: Don't mention it.（どういたしまして）

☐ 142
That's very kind of you. ご親切にどうも。
A: Here's a present for you.（これ、君へのプレゼントだよ）
B: Oh, thanks! That's very kind of you.（わあ、ありがとう！ ご親切にどうも）

依頼

☐ 092
Would you ➕ help me? 手伝っていただけますか？
入れ替え
A: Would you ➕ speak up? I can't hear you very well.（もっと大きな声で話していただけますか？ よく聞こえません）
B: Oh, sorry.（あっ、すみません）

Index

Day 学習部で紹介したフレーズをまとめました。見出しとして掲載されているフレーズは色字、それ以外のものは黒字で記されています。それぞれのフレーズの右側にある数字は、見出し番号を表しています。色字の番号は、見出しとなっている番号を示します。

Chapter 1

Chapter 2

Chapter 3

Chapter 4

入れ替え フレーズ バリエーション 87

機能別 フレーズ 160 リスト

Index

ねぇねぇ、どれくらい覚えてる?
Hey, how many do you remember?

Index

A

- [ ] After you. 009
- [ ] All right. 017
- [ ] Almost. 008
- [ ] Are you ~ ? 044
- [ ] Are you all set? 101
- [ ] Are you feeling OK? 089
- [ ] Are you hungry? 044
- [ ] Are you in? 072
- [ ] Are you leaving so soon? 133
- [ ] Are you ⊕ OK? 044
- [ ] Are you OK? 089
- [ ] Are you ready? 101
- [ ] Are you ready for ~ ? 131
- [ ] Are you ready for ⊕ the test? 131
- [ ] Are you ready to ~ ? 131
- [ ] Are you set? 101
- [ ] Are you sure? 062
- [ ] Are you with me? 057

B

- [ ] Be careful. 021
- [ ] Be careful about ~ . 021
- [ ] Be careful of ~ . 021
- [ ] Be careful with ~ . 021
- [ ] Be my guest. 022

C

- [ ] Calm down. 048
- [ ] Can I ~ ? 083
- [ ] Can I give you a hand? 125
- [ ] Can I give you a hand with your homework? 125
- [ ] Can I join you? 098
- [ ] Can I ⊕ keep this? 083
- [ ] Can I see you again? 136
- [ ] Can you ~ ? 092
- [ ] Can you give me a hand? 125
- [ ] Can you hold on? 019
- [ ] Certainly. 001
- [ ] Come in and sit down. 148
- [ ] Could I ~ ? 083
- [ ] Could I join you? 098
- [ ] Could I see you again? 136
- [ ] Could you ~ ? 092

D

- [ ] Do you have some time? 141
- [ ] Do you have the time? 141
- [ ] Do you know what I mean? 126
- [ ] Do you know what I'm saying? 126
- [ ] Do you know what? 061
- [ ] Do you mind if I ~ ? 152
- [ ] Do you mind if I ⊕ smoke? 152
- [ ] Do you think ~ ? 106
- [ ] Do you understand? 013
- [ ] Don't. 059
- [ ] Don't ~ . 059
- [ ] Don't ⊕ do that. 059
- [ ] Don't forget to write. 045
- [ ] Don't work too hard. 094
- [ ] Don't worry. 026, 015
- [ ] Don't worry about ~ . 026
- [ ] Drop me a line. 045

E

- [ ] Easy does it. 048
- [ ] Enjoy yourself! 006
- [ ] Enjoy! 006
- [ ] Everything will be all right. 121
- [ ] Everything will be fine. 121
- [ ] Everything will be great. 121
- [ ] Everything will be OK. 121
- [ ] Excellent! 004
- [ ] Excuse me? 031
- [ ] Excuse me. 031, 018

F

- ☐ Fat chance! 050
- ☐ Fine, thanks. 042
- ☐ For what? 016

G

- ☐ Get well soon. 053
- ☐ Give it a try. 088
- ☐ Go ahead. 009
- ☐ Go for it! 046, 071
- ☐ Good! 004
- ☐ Good. 025
- ☐ Good for you! 067
- ☐ Good job! 012
- ☐ Good meeting you. 119
- ☐ Good talking to you. 119
- ☐ Good to meet you. 091
- ☐ Good to see you again. 122
- ☐ Got it? 013
- ☐ Got it. 013
- ☐ Great! 004
- ☐ Guess what! 061

H

- ☐ Hang in there! 071
- ☐ Have a good day. 108
- ☐ Have a good one. 108
- ☐ Have a nice day. 108
- ☐ Have a nice trip. 108
- ☐ Have you been keeping busy? 134
- ☐ Have you finished ～? 008
- ☐ Help yourself. 022
- ☐ Help yourself to the cookies. 022
- ☐ Help yourselves. 022
- ☐ Here are ～. 109
- ☐ Here it is. 034
- ☐ Here they are. 034
- ☐ Here we are. 063, 034
- ☐ Here you are. 034, 063
- ☐ Here you go. 034
- ☐ Here's ～. 109
- ☐ Here's ⊕ my phone number. 109
- ☐ Hold on! 019
- ☐ Hold on a minute! 019
- ☐ Hold on a moment! 019
- ☐ Hold on a second! 019
- ☐ How about ～? 114
- ☐ How about ⊕ a walk? 114
- ☐ How about you? 077, 042
- ☐ How are you? 042, 025, 086
- ☐ How are you doing? 042
- ☐ How come? 016
- ☐ How do you do? 081, 091
- ☐ How do you like ～? 149, 154
- ☐ How do you like ⊕ Japan? 154
- ☐ How have you been? 086
- ☐ How time flies! 066
- ☐ How was ～? 099
- ☐ How was ⊕ your trip? 099
- ☐ How you been? 086
- ☐ How's ～? 038, 099, 105
- ☐ How's it going? 042
- ☐ How's your business? 038
- ☐ How's ⊕ your family? 038
- ☐ Hurry up. 075

I

- ☐ I agree with you. 057
- ☐ I believe so. 041
- ☐ I can't help it. 117
- ☐ I can't thank you enough. 138
- ☐ I didn't catch the name. 145
- ☐ I didn't catch your name. 145
- ☐ I don't feel like it. 130
- ☐ I don't know. 036, 049
- ☐ I don't think ～. 106
- ☐ I don't think so. 041
- ☐ I don't think we've met. 150
- ☐ I guess so. 041

☐ I had a lovely time.	124
☐ **I had a nice time.**	124
☐ I have to ~.	139
☐ I have to be moving along.	129
☐ **I have to ⊕ clean my room.**	139
☐ I have to go now.	129
☐ I have to move along.	129
☐ I hope not.	055
☐ **I hope so.**	055
☐ I hope you get well soon.	053
☐ I kid you not!	078
☐ I know exactly how you feel.	140
☐ **I know how you feel.**	140
☐ I know the feeling.	140
☐ **I love it!**	043
☐ I miss you.	035
☐ **I missed you.**	035
☐ **I must say good night.**	153
☐ I must say goodbye.	153
☐ I need to ~.	139
☐ I think ~.	106, 116
☐ **I think so.**	041, 051
☐ **I think ⊕ you're right.**	106
☐ I want ~.	087
☐ I want to ~.	135
☐ I wonder if ~.	143
☐ **I wonder if ⊕ he'll come.**	143
☐ I'd be glad to.	085
☐ I'd like ~.	087
☐ **I'd like ⊕ a tea.**	087
☐ I'd like to ~.	135
☐ **I'd like to ⊕ talk to you.**	135
☐ **I'd love to.**	033, 158
☐ I'd love to, but ~.	033, 158
☐ I'll ~.	047
☐ I'll be back in a minute.	113
☐ I'll be back in a second.	113
☐ **I'll be back soon.**	113
☐ I'll be right back.	113
☐ **I'll be right there.**	104
☐ **I'll ⊕ call you.**	047
☐ I'll give it a try.	088
☐ I'll leave it to you.	100
☐ I'll miss you.	035
☐ I'm ~.	150
☐ I'm afraid ~.	116
☐ **I'm afraid ⊕ I can't.**	116
☐ I'm afraid not.	051
☐ **I'm afraid so.**	051
☐ I'm all set.	101
☐ I'm coming.	104
☐ I'm from Japan.	115
☐ I'm from Osaka.	115
☐ I'm glad to ~.	147
☐ **I'm glad to ⊕ be with you.**	147
☐ **I'm glad to hear that.**	128
☐ I'm going to ~.	047
☐ I'm in!	072
☐ I'm not in the mood.	130
☐ **I'm not kidding!**	078
☐ I'm not sure.	049
☐ I'm so sorry.	018
☐ **I'm sorry.**	018
☐ I'm sorry to ~.	123
☐ I'm sorry to hear that.	039, 123, 128
☐ **I'm sorry to ⊕ trouble you.**	123
☐ I'm sorry, but ~.	158
☐ **I'm with you.**	057
☐ **I've had enough of this!**	155
☐ I've had enough of your excuses!	155
☐ I've heard a lot about you.	137
☐ **I've heard so much about you.**	137
☐ Is everything all right?	056
☐ **Is everything OK?**	056
☐ Is that right?	003, 064
☐ **Is that so?**	064, 003
☐ It can't be helped.	117
☐ **It doesn't matter.**	065
☐ **It's about that time.**	093

☐ It's been a long time.	084
☐ It's good to be here.	144
☐ It's good to have you here.	144
☐ **It's nice to be here.**	144
☐ It's nice to have you here.	144
☐ **It's on me.**	040
☐ It's that time.	093
☐ It's time to ～.	127
☐ It's time to call it a night.	156
☐ **It's time to ⊕ say goodbye.**	127
☐ It's up to you.	090

K

☐ **Keep in there!**	071, 046
☐ **Keep in touch.**	052
☐ **Kind of.**	029

L

☐ Leave everything to me.	100
☐ **Leave it to me.**	100
☐ Let me ～.	095
☐ **Let me ⊕ help you.**	095
☐ **Let me sleep on it.**	160
☐ Let me think about it.	095, 160
☐ Let's ～.	070
☐ Let's call it a night.	156
☐ **Let's do this again.**	107
☐ Let's do this again sometime.	107
☐ Let's give it a try.	088
☐ **Let's ⊕ have lunch.**	070
☐ Let's keep in touch.	052
☐ Let's not ～.	070
☐ **Long time no see.**	084
☐ Love it!	043

M

☐ Make it fast.	075
☐ **Make yourself at home.**	118
☐ Make yourselves at home.	118
☐ May I ～?	083
☐ May I join you?	098
☐ **Maybe some other time.**	097
☐ Maybe.	002
☐ Me neither.	010
☐ **Me too.**	010, 068
☐ My house is your house.	118
☐ My pleasure.	030
☐ My, how time flies!	066

N

☐ Neither am I.	068
☐ Neither do I.	068
☐ **Never mind.**	015
☐ Nice job!	012
☐ Nice meeting you.	119
☐ **Nice talking to you.**	119
☐ **Nice to meet you.**	091, 081, 122
☐ **Nice to see you again.**	122, 091
☐ No.	152
☐ No chance!	050
☐ **No kidding!**	024
☐ No problem.	030
☐ No, after you.	009
☐ No, not at all.	134
☐ No, thank you.	014, 020
☐ **No, thanks.**	020, 014
☐ **Not a chance!**	050
☐ Not at all.	030
☐ **Not bad.**	025
☐ **Nothing.**	007, 027
☐ Nothing much.	027
☐ Nothing special.	027

O

☐ Of course.	001
☐ OK.	017

P

☐ Pardon me.	031
☐ **Perhaps.**	002

☐ Please don't.	059
☐ Pleased to meet you.	091
☐ Probably.	002

R

☐ **Really?**	003, 062
☐ **Remember to write.**	045

S

☐ **See you.**	011
☐ See you later.	011
☐ See you Monday.	011
☐ See you tomorrow.	011
☐ Shall I ~ ?	120
☐ **Shall I ⊕ help you?**	120
☐ Shall we ~ ?	120
☐ So am I.	010, 068
☐ **So do I.**	068, 010
☐ **So far so good.**	105
☐ Sorry.	145
☐ Sort of.	029
☐ Sure.	001, 085

T

☐ Take care.	048
☐ **Take it easy.**	048, 094
☐ **Take your time.**	073
☐ Thank you.	009, 030, 142
☐ Thank you for ~ .	103
☐ Thanks.	009, 030, 142
☐ Thanks for ~ .	103
☐ **Thanks for ⊕ your help.**	103
☐ Thanks very much for ~ .	103
☐ That sounds ~ .	054
☐ That sounds exciting.	054
☐ **That sounds ⊕ good.**	054
☐ That's ~ .	076
☐ **That's ⊕ an idea.**	076
☐ **That's easy for you to say.**	157
☐ That's fine by me.	111
☐ **That's fine with me.**	111
☐ That's good.	076
☐ That's great.	076
☐ **That's news to me.**	096
☐ That's OK by me.	111
☐ That's OK with me.	111
☐ **That's too bad.**	039, 128
☐ **That's very kind of you.**	142
☐ That's very nice of you.	142
☐ That's very sweet of you.	142
☐ The dinner's on me.	040
☐ The same to you.	028
☐ **This is it!**	060
☐ This one's on me.	040
☐ **Time to call it a day.**	156
☐ **Time to call it a night.**	156
☐ Too bad.	039

W

☐ Wait!	019
☐ Watch your head.	079
☐ Watch your mouth.	079
☐ **Watch your step.**	079
☐ Watch your tongue.	079
☐ We must do this again.	107
☐ We'll try again some other time.	097
☐ **Welcome!**	005
☐ Welcome back!	005
☐ Welcome home!	005
☐ Welcome to Tokyo!	005
☐ What?	037, 061
☐ What about ~ ?	114
☐ What about you?	077
☐ What are you doing?	007
☐ What are you having?	069
☐ What did you say?	015
☐ **What do you do?**	102
☐ What do you do for a living?	102
☐ **What do you mean?**	082

☐ What do you mean by that?	082
☐ **What do you think?**	110
☐ What do you think about ~ ?	110
☐ What do you think of ~ ?	110
☐ What do you want to drink?	132
☐ What does your son do?	102
☐ **What for?**	016
☐ **What happened?**	023
☐ What happened to ~ ?	023
☐ What have you been up to?	007
☐ **What is it?**	037
☐ What time is good for you?	159
☐ **What would you like to drink?**	132
☐ What would you like to eat?	132
☐ What'll it be?	069
☐ **What'll you have?**	069
☐ **What's going on?**	058
☐ What's going on here?	058
☐ What's happening?	027, 058
☐ **What's new?**	027
☐ **What's the matter?**	074
☐ What's the matter with you?	074
☐ What's up?	027
☐ What's wrong?	023
☐ **When do we eat?**	112
☐ When is convenient for you?	159
☐ **When is good for you?**	159
☐ When will the meal be served?	112
☐ **Where are you from?**	115
☐ Where is good for you?	159
☐ **Where will I find you?**	151
☐ Why?	016
☐ **Why not?**	032
☐ Will you ~ ?	092
☐ Wonderful!	004
☐ Would you ~ ?	092
☐ **Would you ⊕ help me?**	092
☐ Would you like ~ ?	149, 154
☐ **Would you like ⊕ some wine?**	149
☐ Would you like to ~ ?	033, 158
☐ **Would you like to ⊕ dance?**	158
☐ Would you like to join us?	072
☐ Would you mind if I ~ ?	152

Y

☐ Yeah, too busy.	134
☐ **Yes, please.**	014, 020
☐ **You can say that again!**	146
☐ You first.	009
☐ **You got it!**	080
☐ You got it?	013
☐ **You know what?**	061
☐ You know?	126
☐ **You too.**	028
☐ You're joking!	024
☐ You're kidding me!	024
☐ **You're welcome.**	030

聞いてマネしてすらすら話せる

キクタン英会話
【基礎編】

発行日	2013年7月30日（初版） 2014年1月15日（第4刷）
編著	一杉武史
編集	英語出版編集部
英文校正	Peter Branscombe、Margaret Stalker
アートディレクション	細山田光宣
デザイン	相馬敬徳（細山田デザイン事務所）
イラスト	shimizu masashi（gaimgraphics）
ナレーション	Greg Dale、Julia Yermakov、Josh Keller 水月優希、高橋大輔
音楽制作	H. Akashi
録音・編集	高木弥生（有限会社ログスタジオ）
CD-ROMプレス	株式会社 学研教育出版
DTP	株式会社 秀文社
印刷・製本	図書印刷株式会社
発行者	平本照麿
発行所	株式会社 アルク

〒168-8611　東京都杉並区永福2-54-12
TEL：03-3327-1101　FAX：03-3327-1300
E-mail：csss@alc.co.jp
Website：http://www.alc.co.jp/

・落丁本、乱丁本は、弊社にてお取り替えいたしております。アルクお客様センター（電話・03-3327-1101　受付時間：平日9時～17時）までご相談ください。
・本書の全部または一部の無断転載を禁じます。
・著作権法上で認められた場合を除いて、本書からのコピーを禁じます。
・定価はカバーに表示してあります。

©2013 Takeshi Hitosugi/ALC PRESS INC.
shimizu masashi（gaimgraphics）/H. Akashi
Printed in Japan.
PC：7013063
ISBN：978-4-7574-2292-6

地球人ネットワークを創る
アルクのシンボル
「地球人マーク」です。